hito*yume book

夢追う教室

～太陽の子と歩んだ日々～

文溪堂

プロローグ

もう四十年も前のこと。大学で東洋史を学んだ私は、四年生になる年の春、念願だったシルクロードを旅した。

中央アジアの小国アフガニスタン（アフガン）と、パキスタンとの国境にあるカイバル峠。西遊記のモデル玄奘三蔵《げんじょうさんぞう》やアレクサンダーの軍隊が越えた峠である。この峠こそ、ガンダーラと中国、さらには地中海ヨーロッパを結ぶシルクロードの要所だった。

私は一人ガンダーラの街にいた。カイバル峠までわずか数十キロ。峠を越えれば、そこはアフガンである。

アフガンはずっと憧れの国だった。この国の砂漠の真ん中にあるという瑠璃色の湖バンディ・アミール。その奇跡のように存在する湖に出会うことが私の夢だった。

わずかな金を持ち、シェラフを背負って、インドから旅をつづけ、ようやくたどり着いたガンダーラの街。けれど、そのわずか数カ月前、アフガンでは戦争が始まっていた。日本との国交は断絶し、大使館も閉鎖され、入国ビザは取れない。銃弾が飛び交うアフガンの混乱をマスコミは報道した。こわいものを知らなかったあの頃の私にも、カイバル峠を越える勇気はなかった。

卒業後の進路については、ただ漠然と中学校か高校の社会科の教師になろうかなと考えていた頃だ。三年生から教員資格を取るための授業を受けてはいたが、教師はあくまでも選択肢の一つとしか考えていなかった。

帰国後まだ旅先での思い出に浸りきっていた頃、教職の授業で灰谷健次郎の作品を読み、レポートを書くという課題が出された。そこで出会ったのが『太陽の子』だった。

『太陽の子』は、沖縄出身の夫婦が営む、琉球料理の店「てだのふあ・おきなわ亭」がある神戸の下町が舞台。「てだのふあ」とは、沖縄の方言で「太陽の子」という意味だ。店には、沖縄出身の心やさしい人がたくさん集い、この店の一人娘のふうちゃんは沖縄の楽しい話ばかりを聞いて育った。

しかし、物語が進むにつれ、沖縄戦で自分の子どもを手にかけた常連さんや、戦後の沖縄で母親に棄てられたと思い込んでいる不良少年、そして心の病をもつふうちゃんの父親など、周囲の人々の苦悩が明らかになる。

明るくまっすぐな性格で、まさに「太陽の子」であるふうちゃんは、大人に聞かされていなかった戦争と沖縄のことを勉強し始める。そして、その勉強を支えたのが、ふうちゃんの担任、まだ若い梶山先生だった。梶山先生もまた、ふうちゃんや、戦争が原因で父親をなくした子どもの話から、自分は何も知らなかったと気づく。そして、「教師をやりなおすことにしたんや。僕は教師やなかったと思う」とふうちゃんたちに宣言し、クラス全員で戦争のことを知り、考え、そして自分たちの生き方に生かそうと働きかけるのだ。

『太陽の子』を読んで、「気の遠くなるほど恐い目にあってきている人がとてもやさしい」ことにふれ、戦争と沖縄に真剣に向き合う子どもたちや梶山先生の姿に何度も涙を流すうちに、私は、それまでは思いもよらなかった小学校の「せんせい」という職業に心魅かれていった。

卒業後すぐに、小学校の教員資格を取るために、ほかの大学の夜間講座を受けた。昼間は食堂でアルバイトをし、夜は大学に通うという日々を三カ月過ごし、同じ年の夏に故郷・新潟の採用試験に合格した。

もくじ

春

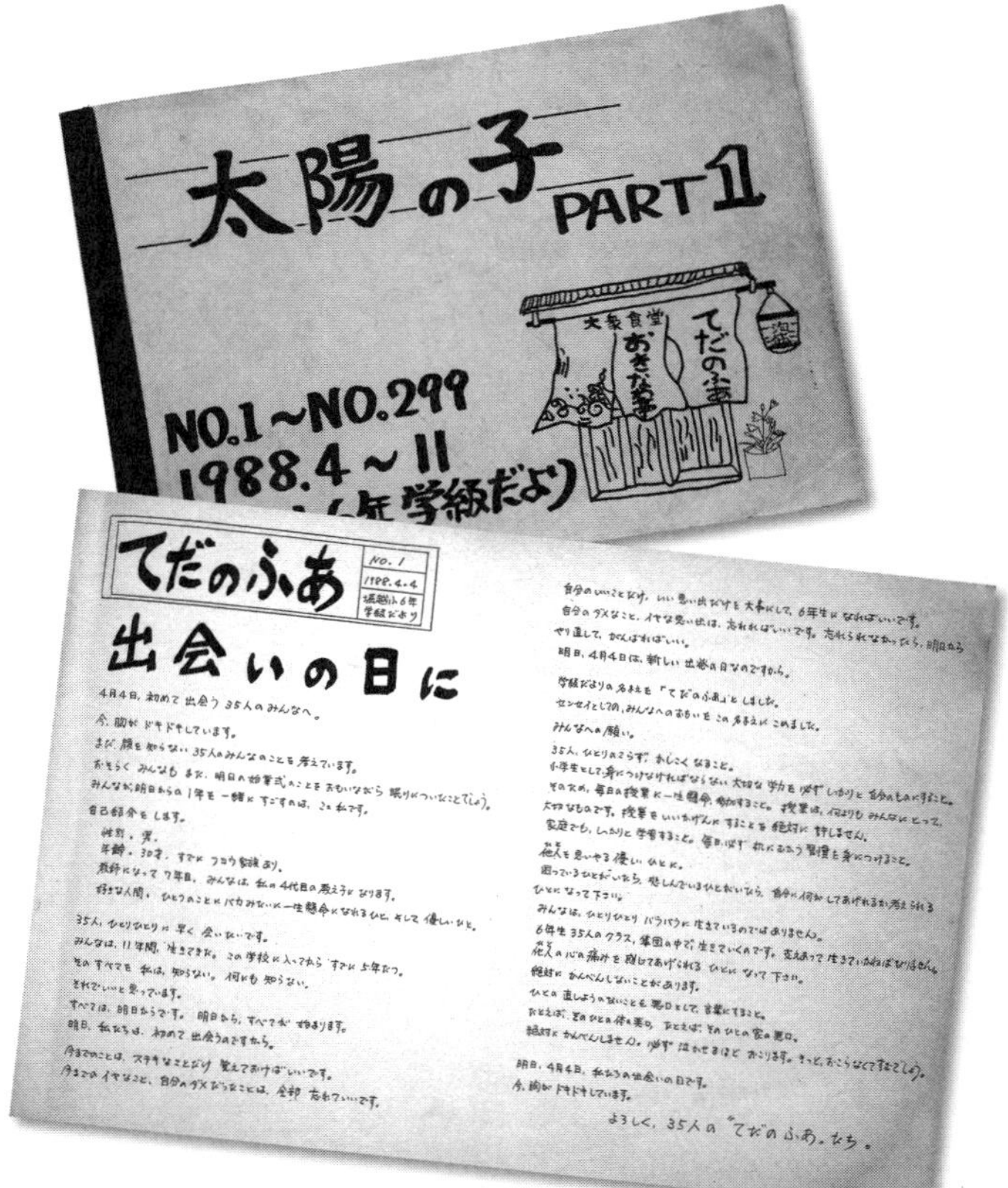

教職に就いて七年目。新潟県北東部の公立小学校に赴任。四代目の教え子となる六年生を一年間だけ受け持つことになった。

小学校最終学年で初めて出会い、わずか一年で卒業の日を迎える子どもたち。過去にも六年生を送り出したが、このときばかりは不安が募った。彼らのほとんどが通う地元の中学校は、当時、お世辞にも落ち着いた学校とはいえなかったからだ。

一九八八（昭和六十三）年、いまから三十年ほど前。バブル景気に陰りが見え始め、同時に「いじめ」「学級崩壊」という言葉が新聞やニュースでさかんに使われ始めた頃のこと。荒れた学校といわれる中学に進む彼らに、私は「生きる力」、「言葉の力」を育みたいと願った。

言葉の力とは、考えること、そして自分の表現することの支えとなる力だ。

「国語教師である私の仕事は、子どもたちに『言葉の力』を育むこと」こう言い切れる私だが、教師になって七年目の当時は、現在子どもたちに与えられるような、国語を深く理解するための手法はほとんど持ち合わせていなかった。

赴任校が三校目となったその年、どうしたら子どもたちが自発的に本を読み続けるようになるのか、ということが私の一番の課題となった。

教職に就いてからずっと持ち続けていた、灰谷健次郎の『太陽の子』と『兎の眼』を、この子たちに読んでもらいたいという思いをもとに、一年間をスタートさせることにした。

六年生の一年間だけを共に過ごすことになった彼らを、私は「太陽の子―てだのふあ」と呼んだ。

学級だよりを「太陽の子」と名づけ、毎日のように手渡した。

てだのふぁ No.1　出会いの日に（一九八八年四月四日）

四月四日、初めて出会う三十五人のみんなへ。

今、胸がドキドキしています。まだ、顔を知らない三十五人のみんなのことを考えています。

おそらくみんなもまた、明日の始業式のことを想いながら眠りについたことでしょう。みんなが、明日からの一年を一緒にすごすのは、この私です。

自己紹介をします。

性別・男

年齢・三十歳

教師になって七年目、みんなは、私の四代目の教え子になります。

好きな人間・一つのことにバカみたいに一生懸命になれる人、そして、やさしい人。

三十五人、一人ひとりに早く会いたいです。

みんなは十一年間、生きてきた。この学校に入ってから、すでに五年たつ。そのすべてを私は、知らない。何にも知らない。

それでいいと思っています。すべては、明日からです。明日から、すべてが始まります。明日、私たちは、初めて出会うのですから。

今までのことは、ステキなことだけ覚えておけばいいです。今までのイヤなこと、自分のダメだったことは、全部忘れていいです。自分のいいことだけ、いい思い出だけを大事にして、六年生になればいいです。

自分のダメなこと、イヤな思い出は、忘れればいいです。忘れられなかったら、明日からやり直して、がんばればいい。明日、四月四日は、新しい出発の日なのですから。

学級だよりの名前を「てだのふあ」としました。

センセイとしての、みんなへの想いを この名前にこめました。

みんなへの願い。

三十五人、一人のこらず、かしこくなること。

小学生として身につけなければならない大切な学力を必ずしっかりと自分のものにすること。

そのため、毎日の授業に一生懸命、参加すること。授業は、何よりもみんなにとって、大切なものです。授業をいいかげんにすることを絶対に許しません。

家庭でも、しっかりと学習すること。毎日必ず机にむかう習慣を身につけること。

他人《ひと》を思いやるやさしい人に。困っている人がいたら、悲しんでいる人がいたら、自分に何がしてあげられるか考えられる人になってください。

みんなは、一人ひとりバラバラに生きているのではありません。六年生三十五人のクラス、集団の中で、生きていくのです。支えあって生きていかなければなりません。

他人《ひと》の心の痛みを感じてあげられる人になってください。


絶対にかんべんしないことがあります。人の直しようのないことを悪口として言葉にすること。たとえば、その人の体の悪口、たとえば、その人の家の悪口。

絶対にかんべんしません。必ず泣かせるほどおこります。きっとおこらなくてすむでしょう。


明日、四月四日、私たちの出会いの日です。

今、胸がドキドキしています。

よろしく、三十五人の〝てだのふあ〟たち。

てだのふあ №2　六年生最初の日（一九八八年四月五日）

朝、九時十分より新任式。前もって、私は六年担任と知っているが、子どもたちは知らない。ステージの上で紹介を受けながら、つい六年生の子どもたちの方へ眼がいく。六年生代表の女の子から、歓迎の言葉を受けた。一言一言をかみしめるように、頭を右にややかしげながら話す。ステキな歓迎の言葉だった。これだけ話せる子は、今までに多くは知らない。この子と今日から一緒かと思うと、うれしくなる。

初めて、校歌を聞く。大きな声で歌える集団は、間違いなくすばらしい集団である。

六年生の男子の口はよく動いていた。

教室に戻り、初めて三十五人と顔を合わす。男子が元気がいい。何か話そうと眼を輝かせている。今日から、この子たちが俺の教え子かと、強く思う。何人かの子どもたちの顔が、とくによく見えた。ステキな顔をしている子がいる。いい眼をしている子がいる。

「てだのふあ」の№1を読む。「なんだ、『てだのふあ』って。」「それは、まだヒミツです。」「えーっ。」反応がはやい。よくしゃべり、よく笑う。大切な話をすると、シーンとして、注目して聞く姿勢がいい。

前担任I先生の指導の確かさを感じた。

自己紹介をしてもらうことにする。

S至が、まっ先に手を挙げる。続けてK志。なかなか元気がいい。そういう子を見ると、これからが楽しみでゾクゾクする。

一人ひとりの名前を呼ぶ。ステキな名前が多い。返事をしてもらったが、なかなか覚えられない。当分、顔と名前を一致させることにつとめようと思う。

学級での時間は短かった。すぐに明日の入学式の準備で、椅子を並べたり、シートをなおしたり、六年生の仕事は多い。そのあと、入場での一年生補助のリハーサル。それを終えて、女子は、一年生の教室のかざりつけの手伝い。明日、女子は、朝早く登校して、伴奏の練習がある。

六年生初日。めまぐるしく動いて終わる。ステキな子どもたちであった。

打てば響く。多くのことを要求しようと今、思う。

てだのふあ No.3　入学式の「てだのふあ」たち　（一九八八年四月六日）

今日、四月五日もまた、いそがしい日でした。女子は、伴奏の練習。集合時刻の三十分前には登校していました。教室に行くと、大きな声で「おはようございます。」

この学校の子は、学年を問わず、あいさつがとてもいい。ろう下で会う、どの子も実に元気なあいさつをしてくれます。

K志に私用を頼む。ダンボール箱を私の車から教室へ運ぶのです。中には、ギッシリ印刷物がつまっているので、とても重い。K志は、ほんの少しもイヤな顔をせず、運んでくれました。それを見て、Y之もまた、すすんで手伝ってくれました。

九時過ぎから、新入生の案内役。受付のところで待機して、くつ箱や教室へ案内してあげる役です。男子全員がやってくれました。とても緊張して、一年生の手をひっぱっていく男子の顔が印象的でした。

男子は本当に元気がいい。まるでマンザイをしているかのように見える。

入学式。新入生入場では、六年生が一年生の手をとって、席まで連れて行きます。六年生の男子のほうが、主役の一年生よりも顔をこわばらせていました。

新入生歓迎の言葉をUがしました。落ちつきのある話しぶりでした。続けて、新入生代表の言葉を、二人の一年生がステージの上で述べました。これまた、堂々としたあいさつでした。

入学式を終えて、会場の後始末。六年生は、実によく動きました。前の学校の子どもたちも、よく働く子でした。こんな子どもたちはなかなかいないと思っていたのでしたが、この六年生も嬉々として動く。

全校の児童が帰ったあと、ようやく教室で時間が持てました。すでに十二時近く。昨日、渡した日記帳を提出させました。

約束がありました。

「たった一行でもいいから、とにかく日記帳を開いて書くこと。そして、学校へ持ってくること。」

けれど、三十五人です。必ず一人は忘れる子がいるものです。だって、人間ですから。

三十五冊の日記帳が集まりました。昨日、欠席のI恵も持ってきました。

すばらしいことです。みんなをほめ、拍手をしてあげました。

また、新しいノートを渡しました、二冊目の日記帳です。二冊を一日ごとに書いて提出することにしています。明日が楽しみです。

「てだのふあ」の№2を配り、読みました。間違いがありました。自己紹介を自らすすんでした二人は、S至とT文でした。T文にあやまりました。それからK志にも、ごめんな。

名前と顔、今日一日でまた、一致する子が増えました。もうすぐみんな、私の子です。

てだのふあ №5　集団の空気を決める日　（一九八八年四月七日）

今日の一・二時間目、学級の組織づくりを行いました。いよいよ本格的に、クラスが、動き出します。

最初に班長決め。男子六人、女子六人の班長を決定します。さて、その決定の方法。


ある情景があります。

誰もがリーダーになりたくない。いや、なりたいという気持ちはあるが、自分からやりたいなどと言うのは、イイコぶっている。誰かが、一人の子の名前を呼ぶ。すると、みんなが続く。はやしたてる。名前を言われた子は、まっ赤な顔になって「オレ、やだ。○○のほうがいいよ。」


また、ある情景があります。

誰もが、シーンとして、下を向き続ける。ただ、時のすぎていくのをみんなで待つ。

そんな空気が、たまらなくキライです。ムカムカしてくるほどキライです。

こんなことを〝てだのふあ〟たちに話しました。そして、望みを話しました。

少しでもやりたいという意志のあるものは立候補してほしい。クラスのために何かやりたいと思うものは、立候補してほしい。今、力などなくていい。大切なことは、やりたいという意志だけ。

人は、社会で生きています。集団の中、人とのつながりの中で生きています。絶対に一人きりでは生きていけません。

子どももまた、人。集団の中でこそ、もまれ、鍛えられ、そして人として成長していきます。リーダーとなることは、集団の中で生きていく力を身につける機会を得るということです。

だから、クラスのすべての子にリーダーを経験させるつもりです。リーダーとして、悩み、考える中で、確かに子どもは伸びます。リーダーとしての力、人をひっぱっていく力、人の意見をまとめていく力、それは、今は必要ありません。リーダーを経験していく過程で身につけていくのです。

大切なことは、リーダーをやりたい、やってみたいという意志です。

今日、四月六日は、この〝てだのふあ〟学級にとって大切な一日でした。一年間のクラス集団の空気を決める日だからです。班長を決める。一見、ささいなことですが、大きな大きな意味をもちます。

立候補で、班長が決まることで生じる集団の空気と、イヤイヤながらの推せんで班長が決まることで生じる集団の空気。

前向きな空気に満ちた集団は、常に上へ上へと向かっていきます。

いろいろなことに挑戦し、それを乗り越え、多くの財産をつくっていきます。

そして、その集団をつくる一人ひとりが、いきいきと生き、大きく成長していきます。

そんな六年生学級集団を、私はかつて見ました。

〝てだのふあ〟たち。

この子たちにすばらしい学級集団をつくり上げていってほしいと願います。

今日は、そのための大切な大切な一日でした。

てだのふあ№7　十一歳の心を（一九八八年四月八日）

出会いの日から、四日間がたちました。

毎朝、教室に入り、まず最初にすることは、日記に手をふれることです。その日記の中には、三十五人の〝てだのふあ〟たちがしっかりといるからです。彼らは、すでに大人になりかけています。思春期前期に入りかけています。自分というものを表にさらけ出すことに、躊躇《ちゅうちょ》する頃です。

日記。そこには自分を語れます。

彼らを知ること。彼らの心にふれること。それを日記に求めています。

今日で、日記を提出するのは三回目です。昨日、おとといと三十五冊、全員の日記帳がそろっていました。

さて、三回目の今朝。一冊、二冊とかぞえます。子どもたちが注目しています。

三十三、三十四…三十五冊！　思わずバンザイ。子どもたちは、〝イェーイ！〟と拍手。

三日連続、三十五人は日記を書き続けました。

日記を見て、まず感じたのは、その丁寧さです。

一字一字、刻むように書いている子が何人もいます。そして、素直な文体。

彼らの日記を読むのが、本当に楽しみです。

「てだのふあ」の№４に、初めて、彼らの日記を載せました。

印刷する前に相談し、承諾をえたうえで、配りました。人に読まれたくないものは、センセイが判断して、決して載せないことを約束しました。

入学式の一日を書いた日記を載せました。十一歳の心がそこに見えます。

どうぞ、一人ひとりのものを読んでみてください。わが子のものはもちろん、他の子どもたちのものも。

これから、成長していくにつれ、子どもの心の中は、つかみにくくなります。いろいろな想いが、心にあふれている大人になっていくのですから。

今、十一歳の彼らが、何を想い、何に心を動かし、何に悩んでいるか、三十五人の子どもたちの言葉から見えてきます。

今後「てだのふあ」で、多くの子どもたちのつづったものを載せていくつもりです。

それにしても、何と上手な字を書く子がいるのでしょう。「てだのふあ」に書き写しながら、自分の字のミニクサにはずかしくなってきます。

彼らの日記を読みながら、顔を思い浮かべています。

どうにか、名前と顔が一致するようになりました。


それにしても、可能性にあふれた子どもたちです。

心がドキドキしてきます。

集団下校で、一年生を連れて帰る、Sの笑顔とA子のひきしまった顔が、とくに、今日は焼きついています。


明日の朝が、楽しみです。

また、日記帳の数をかぞえましょう。三十五冊あったら、またバンザイしましょう。

それから、また、「てだのふあ」を書きます。

てだのふあ No.12　出会いの日から一週間（一九八八年四月十二日）

四月四日、出会いの日から、一週間がたちました。

〝てだのふあ〟たち三十五人のいろいろな顔を知ることができました。ステキな子どもたちだと思います。

しっかりと、家庭と学校で育てられてきたことを感じます。

けれど、これから、さらに多くのことを要求していくつもりです。

もっと大きく、もっとたくさく、もっとましく、もっとやさしく、もっとすばらしい子どもたちに。


「ガラッ。」と戸が開いて、いつものように先生が入ってくる。朝のあいさつが終わって、ガタガタとみんなが席に着く。それから目がいくのは、決まって先生の机の上。昨日と同じようにたくさんのノート（日記帳）が重ねられて置いてある。

（今日も、三十五さつあるかなあ。）

ノートを見て、みんながこう思うだろうと思う。

（三十五さつなかったらどうしよう。）

こんなふうに思う人もいるだろう。

みんなが、じいっと見てる間にも、先生は日記帳の数をかぞえていく。最初シーンとしたけど、そのうちに、先生の声に合わせていっしょにかぞえ出す人もでてきた。

「二十一、二十二、二十三――。」

机の上にあるノートは、次第に減ってきた。

「三十、三十一、三十二――。」

ノートは残り少ない。

（たりるかなあ。）

だんだん声がゆっくりになってきた。

「三十四、三十五！」

「ワー！」

みんなの喜びの声が、はく手といっしょになって、とても大きかった。

先生の喜びようは、私たちの何十倍も大きかった。

ノートの山は、三十五さつあった。中身は知らない。一行かもしれない。二行かもしれない。でも、三日坊主が、一人もいなかった。きっと明日も三十五さつのノートが、そろうと思う。

きっと明日も喜びの声とはく手がひびくと思う。

できたら、このまま六年生の終わりまでみんなで書き続けたい。

今度からは、一さつ一さつかぞえなくても、絶対に三十五さつがそろっているようになってほしい。

きっと、みんなだって、そう思っていると思う。

書くことはちがっても、続けたいと思うのは、みんな同じ。

たとえ一行でも、毎日続けて書いていれば、とってもステキだと思う。

これからは毎日、先生の机の上に、私たちの日記帳を山にしてプレゼントしてあげるね。


こんなにもステキな子どもたちとの出会いを、幸せに思っています。

この子たちとは、出会いのときから、残された時間が決まっています。

力を尽くすつもりです。

いろんなことをしてあげたいと思います。いろんなことを考えてあげたいと思います。

てだのふあ No.14 てだのふあ?（一九八八年四月十二日）

六年生になって、今日で五日目です。そして、今日も、てだのふあをもらいました。私は、てだのふあの意味がやっとわかりかけてきました。たぶん、子どもたちという意味じゃないかなあと思います。初めて、てだのふあをもらったとき、なんだあ、これと思ったけど、毎日、てだのふあを読んでいて、なんだかわかったような気がします。

私たちは、新潟で生まれ育ったので沖縄の言葉は、全ぜんわかりません。それなのに、てだのふあの意味がわかるということは、ずっとはなれた県に一歩近づいたみたいで、すごいことだと思います。

〝てだのふあ〟。だいぶ悩ませているようです。

〝てだのふあ〟に出会ったのは、ワセダの文学部で、シルクロードの夢を追っていた頃です。強烈な出会いでした。教師になりたいと強く思いました。

〝てだのふあ〟は、沖縄の言葉です。

〝てだ〟の〝ふあ〟。三十五人の〝てだのふあ〟たち。

三十五人に対する、教師としての願いを、この言葉に込めました。

もったいぶっているようで、ゴメンナサイ。

いつか、語ります。それも、近いうちに。

てだのふあ No.16 三十五人でつくりあげる授業を （一九八八年四月十三日）

てだのふあたちへの最初の要求。

自分の考えを、集団の中ではっきりと主張すること。


三十五人が自分の考えをもち、互いに出し合い、よりすばらしい考えに高めていくこと。

数人の考えで、まとめてしまわないこと。三十五人が自分の考えを主張すること。

残念ながら、まだまだ課題は多い。


自分の言いたいことを、ためらいなく発言する。躊躇《ちゅうちょ》しない。間違いを恐れない。

人の意見を素直に聞く。それが正しいと思ったら、素直に認める。

間違いだと思ったら、断固反対する。

人の考えに賛成すること、反対することに、躊躇しない。


人として生きていくための力である。

この力を、三十五人すべての子どもたちにつけてあげたい。

それが、最初のてだのふあたちへの要求であり、大きな課題である。

その力をつけるのは、〝授業〟においてしかない。

十一日、いくつかのサインを教えた。賛成、反対、つけたし、質問の意志を表すためのサインである。

人の発言を聞いたら、必ずこのサインのいずれかを示す。

決して、黙ってじっとしていない。三十五人でつくりあげていく授業を目指す。


今日から、ふつう授業が始まりました。給食も始まりました。

一時間目は、国語です。野ばらを読みました。先生が、「読んでくれる人。」と言ったら、みんな手を挙げました。「みんな、手をおろしなさい。」と言ったので、おろしました。先生がまた、「みんな手を挙げたので、挙げないで当てるぞ。」と言いました。私は当たりませんでした。

サインをおぼえました。意見が同じだったらOKサイン、つけたしのときは両方の手でチョキをつくり、上に挙げます。グーにしてまん中の指をあげるのは、質問のことです。いまのところは、五つくらいおぼえました。先生が「まだサインはいっぱいあるぞ。」と言ったので、いっしょうけんめいおぼえようと思いました。

これから一年間、楽しそうだなあと思いました。


今日、十二日の給食の時間、「いただきます。」の合図の係のことで、話し合いになった。給食当番がやればいいという意見に、三十五人中三十二人が賛成した。

その中で、A美はたった一人、新しく係をつくることを主張した。

A美が意見を言うと、反対のサインがドッと上がる。しかしA美は、反対されても反対されても両手をひたいにもっていき、自分の意見を主張し続けた。

A美をほめる。たくさんほめる。

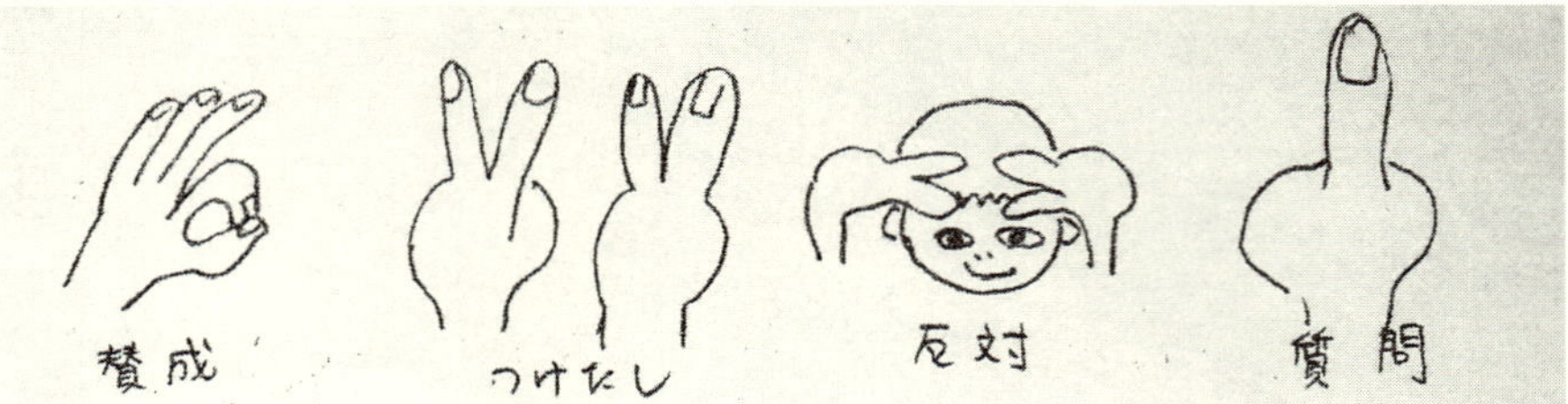

てだのふぁ　No.17　文集・六年生になって十日　（一九八八年四月十四日）

十日たちました。日がたつのがおそかったと感じられます。この十日間でうれしいこと、いいなぁと思ったこと、ほうぉと思ったこと、いろいろありました。

私はもう、六年生です。六年生なんだなぁと思ったときは、朝一～六年の人と登校するときです。やっぱり、まだ新しく入ったばかりの一年生と登校するからかな。一年生のペースで、一年生と早く慣れるように話をしたり、気をつけてやっているから、大変だなぁと思ったし、これからもと思ってしまうと、（六年生だもんなぁ。）と思いました。

スポーツ面です。とくにバスケット。（去年、優勝したんだから、今年も。）と考えているとき、（六年生だもんなぁ。）

今度は、勉強の面で。やっぱり、むずかしいなぁと思ったときに、六年生だもんなぁと思いますね。

次にうれしいと思ったこと。

一つ目、明るい先生がなったということ。

二つ目、詩を教えてもらって、自分が人に対して、す直になれると思ったし、正直になれると思った。

三つ目、勉強が楽しいし、やりがいがある。

四つ目、班の人たちと仲良く、これから協力していけると思った。

ほんとにうれしいと思ったことばかりです。これからも、うれしいことがあるなぁ。楽しみです。

いいなぁと思ったこと。

一つ目、手合図を使うこと。

二つ目、先生が言った、この一年間の間に栗拾いや、学校でとまって夕食は自分たちでつくって食べるということ。

三つ目、授業のやり方がちがう。社会とか。先生の教え方もいいと思う。

四つ目、いっしょうけんめいやったあとは、いいなぁと思った。これからもそうしたい。

ほんとうにいいことがあるなぁと思った。十日間という間には、いっぱいある。

次は、ほうぉと思ったこと。

一つ目、日直をつくらないこと。ほうぉと思うより、へェーと思う方が強い。

二つ目、みんな係の仕事にしてしまうこと。

これからも、ほうぉと思うことがあったら、日記に書きます。

十日間たって、とても楽しい毎日でしたよ。

六年生になったからには、何事も、やり通すいい六年生になりたいです。


今日の五時間目の後半から、作文を書きました。題は、「六年生になって、十日間」。

三時から会議でしたので、終わったものからノートを出していくように言いました。

五時過ぎ、教室へ行くと、三十五冊のノートが積まれていました。

机の上には、明日から学級朝会で歌う歌の歌詞のプリントがあがっていました。学級会係が放課後、書いて印刷したものです。「大きな古時計」。

教務室で、彼らのノートを読みました。全員の作文を「てだのふあ」に載せるつもりです。

出会いの日から十日目。もう、三十五人の名前と顔が完全に一致するようになりました。

字を見て、その子の笑い顔が思い浮かぶようになるのも、もうすぐでしょう。

てだのふあ No.25　一つの区切り（一九八八年四月十八日）

しずかな　しずかな春の夜です。

子どもたちの作文、「六年生になって、十日間」を載せています。全員の作文を、と約束しましたので、なんとか頑張っていますが、なかなか終わりません。あと十一人、待っていてください。

子どもたちの心を読んでいて思います。彼らは今、大きくなろうと必死です。

これまで、何百人の六年生を見てきました。五年生から六年生へと進む四月のとき、子どもは急激に成長します。

学校という集団の中で、最も上位に立つことが、その要因かもしれません。

子どもは、自分に言い聞かせます。

「自分は最高学年だ。一番大人だ。」

この変わり目を大事にしてやらなければいけません。私たち大人たちは。

金曜日の給食のとき、ある子が話をしているうちに、大きな声で言いました。

「○○、五年のとき、金づかい、すごくあらかったんだぜ。」

言われた子は、顔を赤くし、声のしたほうを向きました。そして、何かを言いかけました。

すると、別の子が言いました。大きな声を非難するように。

「先生が前のイヤなことは忘れろと言ったろ。」

顔を紅潮させた子に「そうだ。今は違う。」と私が言うと、首をウンと振りました。

子どもは、未熟です。しかし、未熟ゆえに、大きく大きく変わります。成長していきます。

土曜日の朝、てだのふあたちの日記を読みました。またその日も三十五冊の日記帳。

その中の、ある女の子の日記。


今日、家庭科のノートを先生に出しました。私は、先生が「出しなさい。」と言うまで、すっかり《しゅくだい》を忘れていました。いちおう、先生に出したけど、やっぱり心配で、先生のところにとりにいきました。けれども、なかなか「忘れました。」が言えず、

「あの、家庭科の、まだ、あの、くわしくかいていなくて、だから…。」

と、モジモジしながら言ってしまいました。

前の時間に、先生が、「ごまかすな!」と言ったばかりなのに。

ごまかしてしまいました。先生は、もう気づいていたかもしれませんネ。

今度、またこういうことがあったら、はっきり言ってください。私も、そっちのほうがずっといいですから。

先生、本当にゴメンナサイ。わたしの悪い心。はやくなおさなきゃなあ。


この子の先生であることを、うれしく思いました。

子どもは、未熟です。しかし、はっきり、一人の人間、一人の人です。

私たち大人は、やっぱり未熟な一人の人です。

子どもは、未熟ゆえに大きく変わろうとします。常に上へ伸びようとしています。

てだのふあたち、この子たちとともに、変わり、伸びようとする大人でありたいと思いました。

「てだのふあ」二二五号に届きました。一つの区切りにします。次は、五〇号を目指して書きます。

てだのふぁ No.29 三十五人全員とび箱とべた！——体育授業だより①——（一九八八年四月二十日）

かつて、私の教え子に、とび箱をとべない子がいました。その子は、何度も何度も挑戦し、そして、そのたびにとび箱の上にお尻をついていました。その顔は赤く上気し、くやしさと切なさをいっぱいに表し…。たかがとび箱。では、ないのです。とべない子にとっては、大きく厚い壁です。

そのとべない子に、教師である私は、ただ励まし続けました。「がんばれ。」それしかできませんでした。あれから、何年か。今、教え子たちをみんな、とばせることができるようになりました。一年生もみんな、とんできました。

どうしてもとべない六人の子どもたちも、授業の終わりにはしっかりととびました。

たかが、とび箱。しかし、とべずにいた、仲間のとぶ姿を遠くから見ていた六人にとって、とび箱の向こう側にしっかり立てたことは、大きな大きな喜びだったのです。

とび箱

今日の五時間目に体育をやった。初めはそうじでおくれたけど、体そうをやって、てつぼうをやった。できなかった人がおおぜいいた。

次にとび箱をやった。一番小さいのでも六段ある。それをとべなかったのが、私とAちゃんとC子ちゃんとRちゃんとI恵ちゃんとSちゃんだった。

先生から、いろいろおそわった。初めは、のっかってからおりるのを三回位して、ためしにやった。そうしたら、一番だったI恵ちゃんがとべた。先生がみんなをよんで、とべたI恵ちゃんにもう一回やらしてみた。そうしたらとべた。みんなからはく手がわきおこった。

先生が、「ちょうせんする人——。」と言ったら、Aちゃんが手を挙げた。

とんだ！　Aちゃんもとんだ。うれしそう。

それから、しばらく先生からおしえてもらってとんだ。Sちゃんがとんだ！　ちょっとよろよろしていたけど、ピースとサインしてやっぱりうれしそう。

次に私のばん。「ドタドタドタ　ポーン　パタ。」

とんだ！　とべた！　とべた！

私はとべた。今まで、とべなかったとび箱を。やった！　とべた！　とべた！

うれしかった。Rちゃんも C子ちゃんも、とべた！　みんなとべた。みんなの前でとべた。うれしいです。先生ありがとう。みんなありがとう。楽しい体育の時間だった。


子どもたちは、未熟です。できないこと、わからないことがたくさんあります。そのために学校があります。一つずつ一つずつ成長していく喜びを与えてあげられる学校であり、教師でありたいと、日記を読みながら思いました。

てだのふあ　No.30　体育授業だより②　（一九八八年四月二十日）

やった！　とべたぞ！

今日、体育の時間に鉄ぼうととび箱をやりました。鉄ぼうのほうはまだまだで、すぐにはできませんでした。ところが、とび箱のほう。

今日、やっととべるようになったのです。二瓶先生と他のみんなといっしょに。

最初は、とび箱のとび台に立つと、とび箱がとても大きく見えて、こわかったのですが、二瓶先生が教えてくれた、できるようになる方法一・二を練習していたら、こわいのもとんでしまって、なんだかできるような気がしてきました。

「やった！」

一番初めにI恵ちゃんがとべるようになりました。先生が、「みんな、集合！　I恵がとべるようになったぞ。みんな見てろよ。」と言って、I恵ちゃんがとんだところを見せました。そのあとに、「他にちょうせんしてみる人。」と、先生は聞きました。

私は、いちかばちかに、やってみようと思い、おもいきって手を挙げました。

とぶしゅん間、私は何を考えていたのか、覚えていません。ただ、とぶことだけを考えていたのかもしれません。とべなくても、みんなは笑わない。はじじゃないんだと思っていたかもしれません。

「やったあ！　とべたぞう！」心のなかに残っていたもやもやが一気にどこかへ行ってしまいました。そのあとに他の四人もとべるようになり、六段ができない人はいなくなりました。

ほんとうにとべたときは、とっても気持ちがよかったです。こんどは、逆上がりととび箱八段にちょうせんだ。

この子の日記に、とてもステキな心が見えます。

とぶしゅん間、私は何を考えていたのか、覚えていません。（…）。

とべなくても、みんなは笑わない。はじじゃないんだ。

とべなかった六人の子どもたちが、ドキドキしながら挑戦するとき、他の二十九人は、六人を見守っていました。そして、I恵がとんだとき、大きな拍手をしてあげていました。

さらに、次々ととべるようになった仲間に、大きな拍手。


子どもは、一人ひとり別々に生きているのではありません。

三十五人の集団の中で、もまれ、支え合い、時にはけんかをし、そうして大きくなっていきます。

一人ひとりの成長は、集団の成長に他なりません。

そして、集団がよりすばらしく成長していくなかで、一人ひとりの子どもたちは、大きく成長していきます。


今日、初めて六だんのとび箱がとべた。

最初I恵ちゃんとAちゃんがうまくとんだ。

ぼくも、それを見て、「ぼくもとぶぞォー。」と思っていた。

それで、先生の指導もあったし、手をおもいっきりのばしたら、しらないうちにとんでいた。

先生もビックリしたし、ぼくもビックリして、思わずピースを出した。

とてもうれしかった。

あとで、みんなの前でとんだ。みごとにできた。

その日、ぼくは、気持ちよくあとかたづけもできたし、気持ちよく帰れた。

とてもうれしい一日だった。

やったぜェー。

てだのふあ　No.32　乾杯（一九八八年四月二十一日）

みなさん、よろしいですか。
はずかしながら、このわたくし、S至が、乾杯の音頭をとらせていただきます。
日記五日間連続三十五人書いたことをいわって乾杯をします。
　カンパーイ！

今日、四月二十日、三十五人全員が日記を書き続ける新記録をつくった日。
前々からの約束通り、牛乳でカンパイ。
乾杯の音頭はS至が立候補。なかなか立派な乾杯の音頭でありました。

一つのことを継続する力は、さまざまな〝生きる力〟の中でも重要な力です。
ていねいに毎日、一つのことを続ける力をもっている子は、確実に成長しています。
学力もまた、同様です。地道な努力の継続は、必ずいつか大きく開花します。
これは、多くの事例が証明している事実です。

日記を毎日書き続けること。
簡単そうですが、実際は非常に大変なことです。私たち、大人でさえも。
てだのふあたちは、五日間、書き続けました。
それも三十五人全員。

カンパイ　てだのふあたち。

新記録

新記録まで、あと一日です。
ぼくは、新記録のときの牛にゅうでかんぱいをとても楽しみにしています。
わけは、みんなでかんぱいをするから、おもしろいからです。
さいしょのときは、みんなつづけていたけど、それから忘れる人がでてきました。
今日、みんなの日記帳があつまったのでうれしかったです。
明日もあつまればもっとうれしいでしょう。
新記録をたくさんつくりたいです。

今日で、日記ちょうが、タイ記録だった。
みんないっしょうけんめいに書いているんだと思います。
あしたで新記録です。
牛にゅうで、かんぱいするのがとっても楽しみです。
みんながやってくることをしんじています。
きっと先生のつくえの上に三十五さつのノートがあると思います。

てだのふあ No.44 詩心をみつめて （一九八八年四月二十七日）

てだのふあたちは、一冊ずつの詩のノートを持っています。


詩をかくこと。

はじめは、なかなか自分の心を表すことをしませんでした。

心を言葉で表現することは、とてもむずかしいことです。

けれど、それを知ったとき、心をみつめることができるようになります。


よく思うのです。

もし、うれしさを言葉でつづることができたら、そのうれしさは、何十倍にも大きくふくらむだろうって。

もし、さみしさを言葉でつづることができたら、そのさみしさは、何十分の一にも小さくなるだろうって。

人は、毎日生きています。
暗く沈むこともありましょう。
だれも信じられず、明日なんか来なければいいと思うこともありましょう。
そんなとき、
その心を言葉でつづれたら、
人はきっと、〝よし！〟とふんばれるに違いありません。

てだのふあたちの詩。

彼らは、人に自分の詩を読まれることをきらうようになりました。
それだけ、〝心〟を書くようになってきたということでしょうか。
自分の心の表現を堂々と人に示せるときが楽しみです。

てだのふあたちの詩のノートから、いくつかを載せます。
約束した子の名前は、ふせて。

あの子

一人で家に帰るとき、
きまって心配してくれる
あの子。
本当の友達って
あの子のことを
言うのかな。

いつかきっと
大きな声で言ってあげるね。
「ありがとう。」
って。

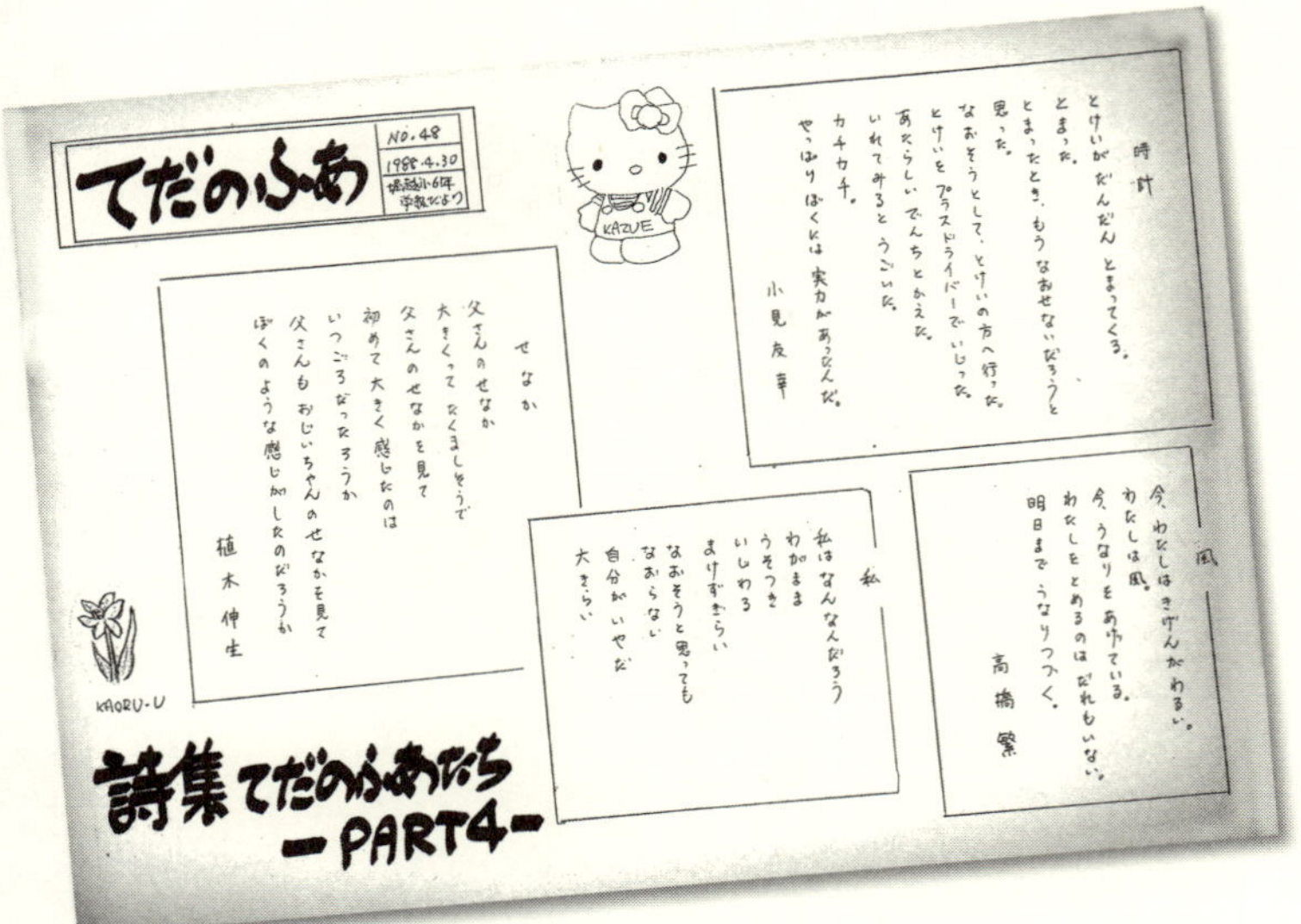

時計

とけいがだんだん とまってくる。
とまった。
とまったとき、もうなおせないだろうと
思った。
なおそうとして、とけいの方へ行った。
とけいをプラスドライバーでいじった。
あたらしいでんちとかえた。
いれてみると うごいた。
カチカチ。
やっぱりぼくには実力があったんだ。

小見友幸

風

今、わたしはきげんがわるい。
わたしは風。
今、うなりをあげている。
わたしをとめるのはだれもいない。
明日まで うなりつづく。

高橋繁

私

私はなんなんだろう
わがまま
うそつき
いじわる
まけずぎらい
なおそうと思っても
なおらない
自分がいやだ
大きらい

てだのふあ

NO.48
1988.4.30
堀越小6年
学級だより

せなか

父さんのせなか
大きくって たくましそうで
父さんのせなかを見て
初めて大きく感じたのは
いつごろだったろうか
父さんもおじいちゃんのせなかを見て
ぼくのような感じ加したのだろうか

植木伸生

KAZUE
KAORU-U

詩集てだのふあたち
—PART4—

六年生ともなると、本が好きな子、嫌いな子がはっきりと分かれる。また、教師や親の助言に素直に従うばかりではなくなる時期だ。そんなときに、「本を読みましょう」と告げるだけでは、本とのいい出会いはできない。

そこで、子どもたちに興味を覚えさせるための仕掛けとして、太陽の子という意味を隠して、「てだのふあ」というタイトルの学級だよりをつくろうと思い立った。

灰谷健次郎の作品『太陽の子』との出会いを、子どもたちにどうさせるか。

「学級だより・てだのふあ」は、いわば、そのための演出。インターネットでなんでも検索できる現代では成立しない演出だろうが…。

「てだのふあって、何だあ。」教室中がいっせいに騒ぎ出しました。

四月四日にくばられた、六年生になって第一号の学級だよりのことです。

今日、二瓶先生が、「てだのふあの意味がわかった人いるかあ。」とみんなに聞きました。一番最初に手を挙げたのは、少し目立ちたがり屋のS至君。私も、だいたいだけど、意味を想像していました。たぶん、子どもとか、みんなって意味じゃないかなあ。先生、当たっていたら、その場で拍手してください。(本当は、お母さんが一つ教えてくれたんです。)

もし、この予想が当たっていたら、明日、みんなに答えを教えてください。

早く知りたいよ～。

日記　四月五日

子どもたちにとって意味不明の「てだのふあ」。おまじないのようなこの言葉の演出は予想を越えて効果的だった。子どもたちは図書室に行き、必死になって「てだのふあ」と題する本を捜した。もちろん、そんな題名の作品はあるはずがない。

てだのふあが、出会いの日のナンバー一から三五まで来ました。まだ私は、てだのふあの意味がわかりません。どういうことを言っているのか、さっぱりわかりません。私たちは、意味のわからない言葉を毎日言っているのです。何だか、おかしいような気もします。

てだのふあは、私たち六年生と先生の交換日記です。いつもいつも見せ合いっこしています。てだのふあ、一体どんな意味だろう。私たち六年生は、首を長くして待っています。てだのふあの秘密が明かされる日を。

日記　四月二十二日

てだのふあ
先生を先生にさせた本。
今はまだないしょだけど
いつかきっとわかるんだね。
いつかその本を読んだら
先生の気持ちがわかるんだね。

日記　四月二十四日

学級だより「てだのふあ」は、四月の末に、早くも第四九号を発行している。その後、一年間で通算五〇〇号を書いたのだから、多い日は、二回も三回も学級だよりを出している計算になる。それも、今のようにパソコンに打ち込むのではなく、すべて手書き。時間を見つけてはせっせと紙に向かった。

途中、この本は、私が先生になろうとしたきっかけになった本だと話す。これはさらに「てだのふあ」への興味と読書意識を増大させた。

太陽の子（てだのふあ）　No.50　よろしく太陽の子たち　（一九八八年五月二一日）

「てだのふあ」が五〇号に届きました。約束通り「てだのふあ」の意味を書きます。

「てだ」は「太陽」、「ふあ」は「子」。

「てだのふあ」は「太陽の子」。

教師になって七年になります。

学生の頃、夢は一つでした。シルクロードをこの足で歩くこと。大学も文学部に入り、シルクロードの歴史を専攻していました。大学四年になる春休み、アルバイトをしてためたお金を持って、ガンダーラまで旅をしました。二十二歳の春のことです。

一カ月間、インド、パキスタンと、一人でさまよい、帰ってきて大学四年。研究論文のまとめに追われていた頃、出会ったのが、灰谷健次郎の二冊の本でした。

『兎の眼』そして『太陽の子』。初めて、教師になりたいと強く思いました。読むたびに涙が出ました。

早稲田を卒業するとき、就職しようと思いませんでした。

その春、小学校教員の免許をとるため、玉川大学へ入りました。昼間は食堂でアルバイトをし、夜、大学へ通い、夏、新潟の教員採用試験を受けました。

翌春、小学校の先生になりました。

三十五人へ。みんなのことが、心底好きになりそうです。

あらためて、みんなを〝てだのふあ〟と呼びます。　〝てだのふあ〟は「太陽の子」。

一人ひとりが、太陽の子。よろしく、三十五人の太陽《てだ》の子《ふあ》たち。

太陽の子 No.55 テストなんか、ぶっとばせ—算数「対称図形」—

（一九八八年五月六日）

二日の二時間目、算数のテストをしました。市販テスト（教材会社のつくっている全国共通のテスト）としては初めてのものです。テストをする前に、てだのふあたちに話しました。

テストに負けるな！

いいのか悪いのか、てだのふあたちは、これから大人になるまで、テストにつき合わなければいけません。ならば、前向きに取り組むこと。〝どうせオレなんか〟の気持ちを捨て去ること。

たかが、ペーパーテスト。テストなんか、ぶっとばせ。

偏差値といわれるものがあります。今の世の子どもたちは、このヘンサチに進む先を大きく左右されます。おそらく、多くの人たちが言うように、この状態は間違いです。人間の価値が、点数で計られてたまるかと思います。いつか、こんなヘンサチという怪物がのさばることはなくなりましょう。（そうあらねば。）けれど、今、現実として…。

テストに負けるな！　テストなんか、ぶっとばせ！

テストは、あたり前ですが、子どものランクづけをするものではありません。どれだけ学習が身についたかを知るためのものです。だから、理想は〝すべての子が一〇〇点を〟。

二日の算数テストは、「対称図形」でした。テストを始める前に、となりの席の子と一緒に勉強するように言いました。この前の班がえで、席は男子と女子がとなり合うようになっています。てだのふあたちは、教科書とノートを広げ、大事なところを教え合っていました。

このテストは、期待得点（テスト作成者が、これぐらいとればよしとした点）が、七十九点です。てだのふあたちに言いました。

全員めざせ八十点！　あとは一〇〇点であろうが、八十五点であろうがかまわない。

さて、結果。八十点以上、三十五人。クラス平均、九十三・六点。

テストを返し、班ごとに全員が一〇〇点になるように直し合いをさせました。

ある子が言いました。「八十点とれて、ものすっごくうれしい。」

ある子が言いました。「算数、好きになりそうだ。」

ある子が言いました。「出す前に何度も何度も見直した。」

六年の算数は、小学校での学習の総まとめです。これから、とてもむずかしくなっていきます。しかし、すべてのてだのふあたちに、確かな学力をつけさせ、卒業させなければいけません。

学校の、私の仕事です。

テストに負けるな！　テストなんか、ぶっとばせ！

太陽の子　No.60　〝てだのふあ〟（一九八八年五月七日）

てだのふあの意味を知ったのは、五〇号のときでした。

今までに〝子ども〟だとか〝先生の子ども〟とか、いろんなふうに予想されていたけど、どれも少しずつちがっていました。

〝てだのふあ〟それは、〝太陽の子〟という意味でした。
なんだか、変な感じがしました。
だって私たち、いつも太陽の下にいるのだから、自分のことを
「太陽の子」って言ってもおかしくないでしょう?
それなのに、ひらがな五つ重ねた〝てだのふあ〟に毎日不思議がっていたなんて。

でも、きっとちがう意味だと思います。いえ、絶対ちがう意味でしょう。

太陽の下にいるからじゃなくて、もっとちがう意味での、てだのふあなんだと思います。


私はまだ『太陽の子』この本を読んでいません。他にも『兎の眼』というのがあるけど、どれよりも早く『太陽の子』が読みたいです。私たちの学級だよりの名前だもの。

先生を先生にした本だもの。

先生の思いがぎっしりだもの。

この本がなかったら、私はこの作文だって書いてなかったかもしれないもの!


早く知りたい、太陽の子の意味!

早く読みたい! 『太陽の子』!


この本を読んだら、小学生の私でも、先生のように泣けてくるかな。

この本を読んだら、私も先生のように先生になりたいって思うかな。

私が先生になったら、学級だよりを〝てだのふあ〟にするかな。

あの本を読んだら、先生がどう思っていたのかわかるね。
あの本を読んだら、小学生の私だから、きっと泣けてくるね。

「てだのふあ」が第五〇号に達した五月二日、初めて「太陽の子―てだのふあ」とタイトルに書いた。学級だよりのタイトルを「てだのふあ」から「太陽の子」に変えると同時に「太陽文庫―てだぶんこ」を開設する。

五月当初は、次の本を本棚に並べた。
『太陽の子』（六冊）『兎の眼』（十一冊）
『わたしの出会った子どもたち』
『子どもの隣り』『ワルのぽけっと』
『手と目と声と』『ひとりぼっちの動物園』

「太陽文庫」の開設にあたっては、三つの演出をしている。

一点目は、すべての作品を灰谷健次郎作品としたこと。
学級だより「てだのふあ」の演出によって、子どもたちには『太陽の子』を読んでみたい！という読書意欲にあふれている。
先生をセンセイにした『太陽の子』と『兎の眼』の作者・灰谷健次郎の作品に絞ることで、子どもたちの読書展開を期した。

二点目は、すべてを「先生の本」としたこと。

「先生が読んで感動した作品」「先生が自分のお金で買った本」は、子どもたちにとって特別な意味をもつ。

三点目の演出は、二十二冊の本しか最初は提示しないこと。

児童数三十五名のため、当然不足するが、それがかえって読書意識を高める。

実際、「どうしても読みたい人を優先する」という条件にもかかわらず、子どもたちは先を争うようにと本にとびついた。先を争って借りようとし、ジャンケンで順番を決めた。


今日、先生が『兎の眼』という本を新しく八冊買ったので、今度こそ借りるぞ！　と思って前に出てきたら、十二人もいた。

先生が、隣の人とジャンケンをしなさいと言った。でも、私がしようと思ったら、もう右と左の人は別な人とやっていたので、先生に「ジャンケンする相手がいません。」と言ったら、「じゃ、勝った分にしてやる。」と言ったのでラッキーだった。

そして、『兎の眼』という本を家に持って帰って読むことにした。

お母さんに見せたら、「読みがいあるね。」と言った。私は、「うん。」と言った。少し読んだけれど本当に読みがいがあった。お母さんが、夜、寝る前に貸してと言ったので貸した。そして朝になったら、学校で読むことに決めた。

これから、この本は、どんなことが起こるかわからないから、とっても読むことが楽しみになりそうだ。

日記　五月二日

太陽の子　No.64　太陽文庫《てだぶんこ》開設　（一九八八年五月十日）

読書の意義について、多くのことが語られています。いつかの機会に、「てだのふあ」でも述べたいと思いますが、結論だけ書きます。


　　読書好きの子は、どんどん学力が伸びる。

　　本を読むことは、何よりの学習である。

　　学習塾にかけるお金で、子どもに本を。そのほうが何倍も効果的。


随分と刺激的な文章ですが、ある本からの要約です。

私の経験でも、継続的に読書に親しんでいる子は、必ず高学力の子です。


てだのふあたちは、これから思春期にかけて、急激に成長します。心も体も。

その際、読書は、深く確かな人間としての成長を促しましょう。

この時期を逃すと、読書習慣を身につけることが、とても困難になります。それは、大変なソンです。

本は、世界を広げます。一冊の本は、その人の生き方さえ、変える力をもっているのです。

そこで、太陽文庫《てだぶんこ》開設。

今、てだのふあたちは、何冊かの本を順番に借りています。

いつもジャンケンで先を争って読んでいます。もっと本をそろえたいと思います。

そして、太陽文庫と名づけましょう。

太陽文庫　現在の蔵書一覧

『太陽の子』　灰谷健次郎　理論社　一冊

『太陽の子』　灰谷健次郎　新潮社　五冊

『兎の眼』　灰谷健次郎　理論社　一冊

『兎の眼』　灰谷健次郎　新潮社　十一冊

『子どもの隣り』　灰谷健次郎　『ワルのぽけっと』　灰谷健次郎

『手と目と声と』　灰谷健次郎　『ひとりぼっちの動物園』　灰谷健次郎

『八月がくるたびに』　おおえひで　『ガラスのうさぎ』　高木敏子

自由に貸し出ししますので、おうちの方もぜひ。大人にも十分たえられる本です。

今日、書店に新しく椋鳩十、宮沢賢治などの本を注文しました。

お楽しみに。《また、マルハンに借金がふえた。》

五月二日の開設から、一週間で、すでに数冊増えている。蔵書を少しずつ増やしていくのも、演出である。新しく入った本は、すべて「新刊」として扱うため、子どもたちは新鮮な気持ちで学級文庫に接することができる。また、入れる際には必ず紹介し、読書意欲の喚起を心がけた。

『太陽の子』『兎の眼』をはじめ、「太陽文庫」に新しく入った本については、時間を見つけては読み聞かせをした。

途中まで読み聞かせた本は、その日のうちに必ず借り出されるようになった。

読み聞かせというと、低学年、中学年までのものと考える方もいるようだが、私は高学年になっても、読み聞かせを大切にしている。言葉を耳で聞くということも大切だし、何よりも、子どもたちの聞いている顔を見れば、その物語をどれだけ理解しているかがわかる。日々の生活の中で、子どものうちから続けて本を読む習慣を身につけさせたい。そのためにも読み聞かせは大きな意義をもつ。

本を読む。それは必ず豊かな人になることに、生きる力をつけることにつながる。

当時の学級だよりを読み返してみると「書店への借金が増えた！」などと、泣き言めいたことも書いている。子どもたちが本に興味を示すのが嬉しくて「次はどの本にしようか」「この本も並べたい、あれもほしい」……財布と相談しながら、嬉しい悲鳴を上げていた日々が懐かしい。

太陽の子　No.70　太陽親《てだおや》特集（一九八八年五月十四日）

てだのふあ、毎日、楽しく拝見させていただいております。

私は、てだのふあの意味を先生と子どもというイメージをいだいておりましたが、私の想像ちがいでした。「てだ」太陽、「ふあ」子、太陽の子ということで、まさに名前のごとく子どもたちも大きく成長し、詩にせよ、文の表し方にせよ、六年生とは思えないほど成長しました。

何か、心うたれることがあり、また、親として考えさせられるような気が致します。

久々に子どものおかげ（先生のおかげ）で読書を楽しむことができました。

子どもが先生から借りた本だと家へ持って帰りました。ところが、子どもより私の方が先に読ませてと本を取り上げ熱中。

私が読み終えると中二の娘が次に読ませてと、なかなか借りてきた本人のところへはいきません。申し訳ありませんが、もう少しの間、『兎の眼』を貸してください。

子どもの世界、大人の子どもに対しての見方、何度か胸がジーンとくるところがありました。子どもにも最後まで読んでほしいと思います。

心あたたまる、おたより、ありがとうございました。〝五〇号記念特集〟にしようと考えておりましたが、七〇号を過ぎましたので、五〇号・七五号合同とします。次は、一〇〇号の際、特集を組みます。

なお、おうちの方々のことを、太陽親《てだおや》と呼ばせていただくことにします。

太陽の子 No.74 さらば俺のシール！H和の決意 （一九八八年五月十六日）

H和がキャラクターシールを手に近づいてきた。きれいに整理されて特製の箱まである。今日の遊びはキャラクターシールの見せ合いっこだったらしい。全国的に、ここ数年、異常な人気だという。

「オレさぁ、シール集めんのやめようと思ってんさ。でも、だめなんだよね。センセ、これ、金庫の中に入れておいてくんね。」

誰かにあげることや捨てることはどうしてもできない。けれど、手にあると、また金を使ってしまう。ジレンマである。

考えてみれば、一枚のシールを手に入れるのに、三十円のチョコを買わなければならない。一〇〇枚で三〇〇〇円。それも気に入るシール、ピカピカの神シールはめったに入っていない。悪魔のシールは要らないのである。何とぜいたくな遊びか。（遊びとは言えないでしょう。）

H和の心が揺れ動く。そして！

「先生、なくさないで、持っててね！」

H和の目のたまが大きくなっていた。ワタシにシールを入れた箱を渡す。

さらばシール！　H和の偉大なる決意。

太陽の子 No.75 詩の暗唱 開始（一九八八年五月十七日）

十四日、詩の暗唱を開始しました。最初の詩は、武者小路実篤の「我は鉄なり」。てだのふあたちは、必死に覚え、三十五人全員が暗唱できるようになりました。

我は鉄なり
鍛《きた》えられるに従って
我は強くなるべし、
我が弾力はますべし、
我は鉄なり、
恐るることなし、
悪魔よ神よ
我を鍛えよ。
して我のいかに強くなり得るかを試みよ。

『武者小路實篤全集　第十一巻』小学館

詩の暗唱については、多く語られています。

丸谷才一の『桜もさよならも日本語』

言葉がどんなに精妙で力強いものかといふことを感じ取らせるためには、ぜひとも子どもに詩を読ませ、朗読させ、さらには暗唱させせなければならない。

谷崎潤一郎の『文章読本』

文章に対する感覚を研ぐのには（…）、繰り返し繰り返し音読せしめる、（…）、古来の名文と云われるものを出来るだけ多く、そうして繰り返し読むことです。

てだのふあたちは、二人ずつチームをつくって、覚えています。一つの詩を覚えると、試験を受けます。二人とも合格すると、次の詩へ進みます。

ただ今、トップのチームはK美とM未コンビ。まどみちお「どうしていつも」、高村光太郎「道程」、谷川俊太郎「はる」、高木敏子「樹の心」、八木重吉「こころよ」これらの詩をすべて合格し、今、佐藤さち子の「蔵王の山に」に挑戦中です。

おうちで、覚えた詩を聞いてあげてください。

太陽の子　No.76　続さらば俺のシール！　（一九八八年五月十八日）

十七日の朝、教室へ入る。何人かの男たちが、何かを手に持ちやって来る。キャラクターシールである。前の日の「てだのふあ」No.74で「H和の偉大なる決意」を書いた。それを読み終わったとき、何人かの男たちの眼が光った。「よし！」

Y一郎が突然叫ぶ。「ワァーン、　どうしようかなぁ。」その夜、男たちは、愛し続けたシールに別れを告げた。きれいに整理し、なでまわしたという。

そして、自分の持っているシール、すべてを学校へ持ってきた。

「先生、決意しました。」六人が胸を張って、シール箱を差し出す。思わず拍手をする。

K友が数枚のシールを差し出す。他にまだあるが、それは全部いいシールで、とても別れられないという。その気持ち、わかる。けれど、突然K友が席を立ち、うしろのロッカーへ行く。ロッカーには、ピカピカシールがきれいに整理されたアルバムが入っているのだ。K友は、それを差し出した。「ぼくも足を洗う。」

Y一郎がまた叫ぶ。「もったいないなー。」

N生が言う。「今夜、別れをしてこよう。」

T文が頭を抱える。

家庭訪問二日目。道案内役のK友が言う。「センセ、シールのこと、ほめてた？」

J一の家に入るやいなや、J一がシールを差し出す。また一人。これで九人が足を洗った。

シール集めをやめなさい、と言われてやめるのは意味がない。私もまた言わない。

自分の意志で、お金を使えば使うほど、たくさん集められてうれしくなるという「遊び」をやめる。

自分の意志でやめる。ある子にとっては、大人も想像もつかない勇気だっただろう。

だからこそ、九人をほめます。あなたたちは、男である！

太陽の子 No.81 手紙・てだのふあたちへ （一九八八年五月二十日）

てだのふあたち　三十五人へ

四月四日の出会いの日の前夜に、みんなへ手紙を書きました。今日は二度目の手紙です。

今日で家庭訪問が終わりました。みんなのお母さん、お父さん、おじいさん、おばあさんと話をしました。

みんなの悪口(?)もいっぱい言いました。けれど、心の中でいつも思っていました。

「みんなは、私のかけがえのない子どもたちである。みんなをどこまでも伸ばす。」

今、自分でも驚いているのです。みんなのことをいつの間にか、心底かわいいと思っていること。

七時過ぎに家へ帰って、センセイの子どもとジャラケているうちに眠ってしまいました。ちょっと、疲れているようです。九時ごろ、目がさめてフロへ入り、みんなのことをふと、思いました。

「あいつら、自分との闘い、がんばったかな。」と。

みんなにセンセイは要求しました。毎日、自分との闘いをすること。

けれど、思うのです。みんなは、大人であるセンセイより、もっと疲れているはずだと。

夜くらい、ゆっくりと、だらけたいはずだと。テレビの前で、マンガを読みたいはずだと。

きっと、みんなの多くは、夜、自分と闘ったはずです。

センセイが眠っている間に。疲れているにもかかわらず。

みんなの今日を思います。朝八時ごろに登校して、お昼まで、ほとんどまったくの休み時間もとらずに、授業。そして、運動会の練習。あわただしく給食を食べ、清掃。

明日からは、五時まで、ほとんど休みなしの一日の生活が続くはずです。そのすべてのことに、みんなは六年生として、精一杯動きまわるでしょう。

また、センセイも、学校にいる間は、〝力いっぱい〟を要求します。いいかげんを許しません。

家へ帰り、みんなはゆっくりとだらけたいでしょう。あたりまえじゃないか!

けれど、センセイは要求するのです。〝自分と闘え〟と。


みんなは、センセイをこえなければいけません。センセイなんかより、ずっとずっと大きな人間にならなければいけません。

みんなはセンセイと出会いました。そのセンセイより、必ず大きな人間になるのです。センセイのような大人で終わってはいけません。

だから、多くのことを要求します。自分と闘いなさい。センセイも、自分と闘うつもりです。

みんなが、昨夜、自分との闘いの時間に書いた日記を「太陽の子(てだのふあ)」に書きます。一緒に教室で言いましょう。〝自分に勝ちましたよ〟と。


——五月十九日　大好きな三十五人のみんなへ——

太陽の子　No.90　続々さらば俺のシール！　（一九八八年五月二十三日）

さらば　愛しのシール

十六日の土曜日、太陽の子を読んで感動した。H和君の決意が書いてあった。シール集めをやめるということだ。これを読んで、ぼくも先生にシールをやろうと思った。

最初は、シールをやるのはもったいないと思った。どうしてかというと、いままで苦労をして集めたシールを先生にやってしまったら、少しさびしいじゃないかと思っていた。

でも、その考えはまちがっていた。もう一回よく考えてみると、やっぱり少しぐらいさびしくなったっていいじゃないかと思った。十七日の朝、先生にシールをわたした。

そのとき、ぼくは、「やっぱり　これでよかったんだ。」と思った。

少しずつ　心の成長を早めるため。少しずつ　大人になっていくため。

男子は　すごい

今日も六年の男子がシール集めから足を洗った。

すごいと思った。

H和君から毎日何人かずつ　大切なシールを先生に差し出していた。

そのたびに　男子って　すごいなあと心の中で言っていた。

たぶん、他のみんなも　そう思っていたのかもしれない。

ほんとうに男子は　すごい。えらいなあ。

涙が出た
今日、じぶんたちのシールのことが、てだのふあに出た。
女子の作文をもう一回、家で読んだ。
ちょっと　涙が出てしまった。

太陽の子　No.93　自分との闘いの記録　（一九八八年五月二十四日）

二十三日、月曜日より、自分との闘いの記録をつけ始める。闘いに勝つたびに、一枚ずつ記録のカードがたまっていく。卒業の日まで、闘いに勝ち続けたら、いったいどれほどのカードの数になるか。すべてのカードを教室のかべにつるしておこう。大きな大きな〝財産〟となろう。

テレビもよし！　ファミコンもよし！

大切なことは流されないこと、つからないこと。自分の意志で、自分の生活をつくること。

今日は私の勝ち

今日もテレビと戦った。きのうは、光ＧＥＮＪＩが出ている番組（ベストテンなど）を見ないことに決めたし、今日は何にしようかまよった。今日も光ＧＥＮＪＩの出ている番組が二つもあった。

今日は何にしようかな。決めた。七時三十分から見ないことに決めた。戦いの時間にやろうと思ったのは、日記の他に算数と国語（できるかどうかわからないけど）です。

日記を書いているとき、時間が気になってしかたがなかった。光ＧＥＮＪＩが八時からのミュージックステーションという番組に出るからです。

「もう歌ったかな、まだかな。見たい、見たいよー。」こんなことを思いながら日記を書いていました。

「見たい！ううん、だめ！見ちゃだめだぞー！」そう自分に言い聞かせていました。

二階にいた私に、下にいたお母さんから「お風呂に入りなさい！」「はい。」

時計を見ると、もう九時十分。「やったあ。今日は私の勝ちだぞ。バンザーイ！」もう、むねがいっぱいでした。今までやっていて、こんなによろこんだのは、初めてでした。とにかく、今日は私の勝ち！テレビめ、いつでもかかってこい。

ぼくのたたかい

今日ぼくは夜にたたかいの時間を決めた。七時から八時です。その間は、勉強や詩の暗唱をしていました。テレビを見ないということは、らくではないし、たいへん。だからこそ、おとなになっていくから、あしたもつづけたい。

自分とのたたかい

七時から八時は自分とのたたかいの時間。たたかいの時間は、漢字ドリルをやる。

最初の日は、きちんと守っていたけど、このごろ守れなくなってきた。でも、これでは、三日ぼうずです。だから、また、これからはきちんと守ろうと思います。それから、先生が言った昔のことは忘れろってこと。六年生になってからだから昔じゃないけど、もうすぎたことだから。またこれからはがんばって、もう三日ぼうずにならないようにしたいと思う。

自分のため。テレビを見て、ボーっとしているより、勉強をする。

太陽の子　No.95　あなたを認めます　（一九八八年五月二十五日）

二十三日、月曜日の朝。てだのふあの男子の一人のこと。通学班でのトラブルを耳にして、その子に聞く。前に、その子は、みんなの前でくやし泣きをしたことがある。

「てだのふあ」No.43で、そのことを書いた。そのときの、その男子の文。


自分で思った。自分より年下の○○ちゃんをいじめている。○○ちゃんは、体も悪い、そんな○○ちゃんをいじめるのは一番悪いと思った。みんなに信じてもらえなかった自分がなさけないと思った。

自分がこれから○○ちゃんにできることは、まず第一にいじめたりしない。第二にすることは、○○ちゃんがれつからはみでておくれていたらおいていかないで、ちゃんとならばせる。第三に、○○ちゃんがいじめられていたら、かばってやる。あと、○○ちゃんが低学年をいじめていたら、ちゅういしてやるのも大切だと思う。この四つをしなければいけないと思う。


月曜日のトラブルとは、この男子と、この文に出てくる〝○○ちゃん〟のことである。
○○ちゃんが、通学班から、どうしてもおくれてしまう。いっしょうけんめい歩いても。
六年のこの男子はその班の班長である。この男子は、○○ちゃんと一緒に後から歩いてきた。けれど、新体育館の前まで来て、この男子は○○ちゃんと言い争いになり、もめる。この話を教室でした。

てだのふあたちに聞いた。このトラブルを聞いてどう思うかと。多くの子が自分の考えを言った。

「それでも、○○ちゃんのめんどうをみるのが、六年の仕事だ。」の意見が続き、そのうち、「○○ちゃんのめんどうばかりみているのは、おかしい。」の意見が多くなる。

私は、だまって聞いていた。それぞれに真剣に考えての発言だった。

「○○ちゃんが、どうしてもおくれるなら、家の人に送ってもらったほうがいい。」

その意見に、賛成の子が多く、挙手をした。

私はその〝男子〟に聞いた。

「おまえは、どう思うか。」

その男子は、下を向きながら、何かを言おうとした。泣いていた。そして、こう言った。

「ぼくは、○○ちゃんは、ぼくたちと一緒に来たほうがいいと思います。」

そう、泣きながら言った。

その言葉を聞いて、思わず、涙があふれそうになった。


前のことで、その男子が泣いたとき、わけがあった。

「もう○○ちゃんをいじめない。」とその子が言ったのに、てだのふあたちの多くが、その言葉を本当に信用できないと言ったのだ。

昨日、また、その男子は、泣いた。

けれど、その二つの涙の重みは違う。前の涙が、みんなに信じてもらえない涙なら、昨日の涙は、〝○○ちゃん〟のことを心の奥深くで思えばこその、重い涙である。

〝○○ちゃん〟の担任から、〝○○ちゃん〟のことを聞いている。〝○○ちゃん〟は今、一生懸命大きくなろうとしている。集団の中でこそ、成長していかなければならない。事実、〝○○ちゃん〟は、もまれながら、大きく成長しつつある。支えてあげなければならない、みんなの力で。


だから、その男子の言葉に涙が出た。この男子、K志。あなたを認めます。この日から。

太陽の子　No.96　てだのふあ点描　昨日今日　（一九八八年五月二十五日）

運動会を二週間後にひかえて、忙しい毎日が続いています。

そんな昨日今日から、いくつかの、てだのふあたちの姿を。


昨日、月曜日。業間、第一回応援リーダー会議。

一年から五年までのリーダーたちが集合し、チームごとに応援計画が話し合われました。

六年生は、三十五人が全員、リーダーとして活動しなくてはいけません。昨日までに、すでに多くの準備をしてきました。応援歌の作製、パネルの製作、ポンポン作り、ノボリ作り、応援歌の録音など、三十五人はそれぞれに動いてきました。


昼休み、代表委員会。

まだ、学級委員は決めていません。それで、学級代表男女一名ずつを決めることにしました。

必ず発言してくることが条件です。

男子は、七人が立候補し、Aがジャンケンで勝ちました。

女子は、S子とK織が立候補し、ジャンケンでK織が代表になりました。K織の近ごろの成長ぶりが、とても強く感じられます。一歩大きく成長したと思わせます。目つきが実に前向きです。


続いて清掃。

今週から、清掃コンクール。六年生への要求は一つ。「すべての清掃場所で満点をとれ！」

昨日は、全部二十一点の満点でした。よし！　です。

五時間目の学級会の時間は、詩の暗唱チームの編成がえ。学校で練習する時間はほとんど全くありません。すべてのふあたちは、詩の暗唱に熱中しつつあります。学校で練習する時間はほとんど全くありません。すべて家庭で行わなければなりません。

自分との闘いの時間を使って、すさまじい勢いで詩を覚えています。

さて、二人チームで進んできたのですが、だいぶ差が開きました。そこで、チームがえをしたのです。多く覚えた子が少ない子とチームを組めば、少ない子の練習につき合わなければなりません。でも、あえてチームがえをしました。最も多く覚えたチームのK美は、少ない男子と組むと自分から言いました。

昨日の放課後は、久しぶりに、てだのふあたちと一緒でした。

今日、朝、八時前から活動開始。

白組は新体育館で、赤組は旧体育館で、全校のみんなを集めて、応援練習。

大きな声を張り上げ、指示を与えるてだのふあたち。先生方がいないところでの練習です。

活動を通して、子どもたちは成長していくのです。確かに。

一時間目、授業。二時間目、ひなん訓練。業間応援準備。三・四時間目、授業。風のように給食を食べて、

昼休み、リレー練習。五時間目、授業。六時間目、委員会。

放課後、私が会議で五時半頃、教室へ行くと、なんとまだ、応援の準備！

もうすぐ、今日が終わります。十一時半。てだのふあたちは、きっと自分との闘いに勝ったでしょう。今夜も。

みんなは、本当にステキな十一歳たちです。

明日、また学校で。ファイト！

太陽の子　No.97　せんせいへ　（一九八八年五月二十五日）

先生へ

てだのふあNo.81「手紙・てだのふあたちへ」を読んでいる。「心底かわいいと思っている」と書いてあるところに、先生の願い、思いが入っているようです。それから、「七時すぎに家へ帰ってセンセイの子どもとジャラケているうちに眠ってしまいました。」

私は、自分との闘いをしていました。このごろは、きちんとテレビは三十分くらいしか見なくなり、これも数日間続いてきました。これもみんな先生のおかげです。自分との闘いをしていなかったら、毎日毎日二時間以上も見ていたかもしれませんね。

あとのほうにあった「センセイをこえなければいけません。センセイなんかより、ずっとずっと大きな人間にならなければいけません。センセイのような大人で終わってはいけません。」

いくら考えてもわかりません。

そして、今、また、もう一度読んでいます。少しわかったような気もします。

また、明日読んでみます。今日の自分は、わからないかもしれないけれど。明日の自分は、わかっているかもしれないから。

先生より大きな人間。それはどんな人間だろう。

今、私たちてだのふあは、その先生より大きな人間をめざしている。

この一年間でどれくらいの人間になっているだろう。

先生の要求にこたえます。自分と闘います。

私は小さなノートに詩を書き始めます。そうするにしたがって、自分を大きくするんじゃないかな。

太陽の子
てだのふあ。初めてみたときから、なんだかとてもあたたかかった。どうしても意味を知りたいと思った。

そして五月二日。とうとう、その意味の入っている本をかりた。

『太陽の子』

とても細かい字だった。ふうちゃんのことを主人公にした話だった。

最初の方はよくわからなかったけど、読んでいるうちに、ふうちゃんはとっても親思いだなあと思えてきた。

先生を先生にさせた本。たった一さつにたくさんの思いがつまっていた。

先生を大人にさせた本。私も読んだよ。

先生へ
私は、詩を書くのが苦手だった。
私は、詩というのは、景色のことなどを書くものだと思っていました。でも、本当の詩は、景色を書くのだけじゃなくて、自分にあった出来事。忘れられない場面。そして、そのときの気持ちを書くのだということを知りました。先生が教えてくれました。
昨日の夜、ふとんに入ってから落とし物をしたことに気づき、なかなかねつかれませんでした。そしたら、なんだか詩を書きたくなりました。ランドセルから筆入れとノートを出して詩を書きました。

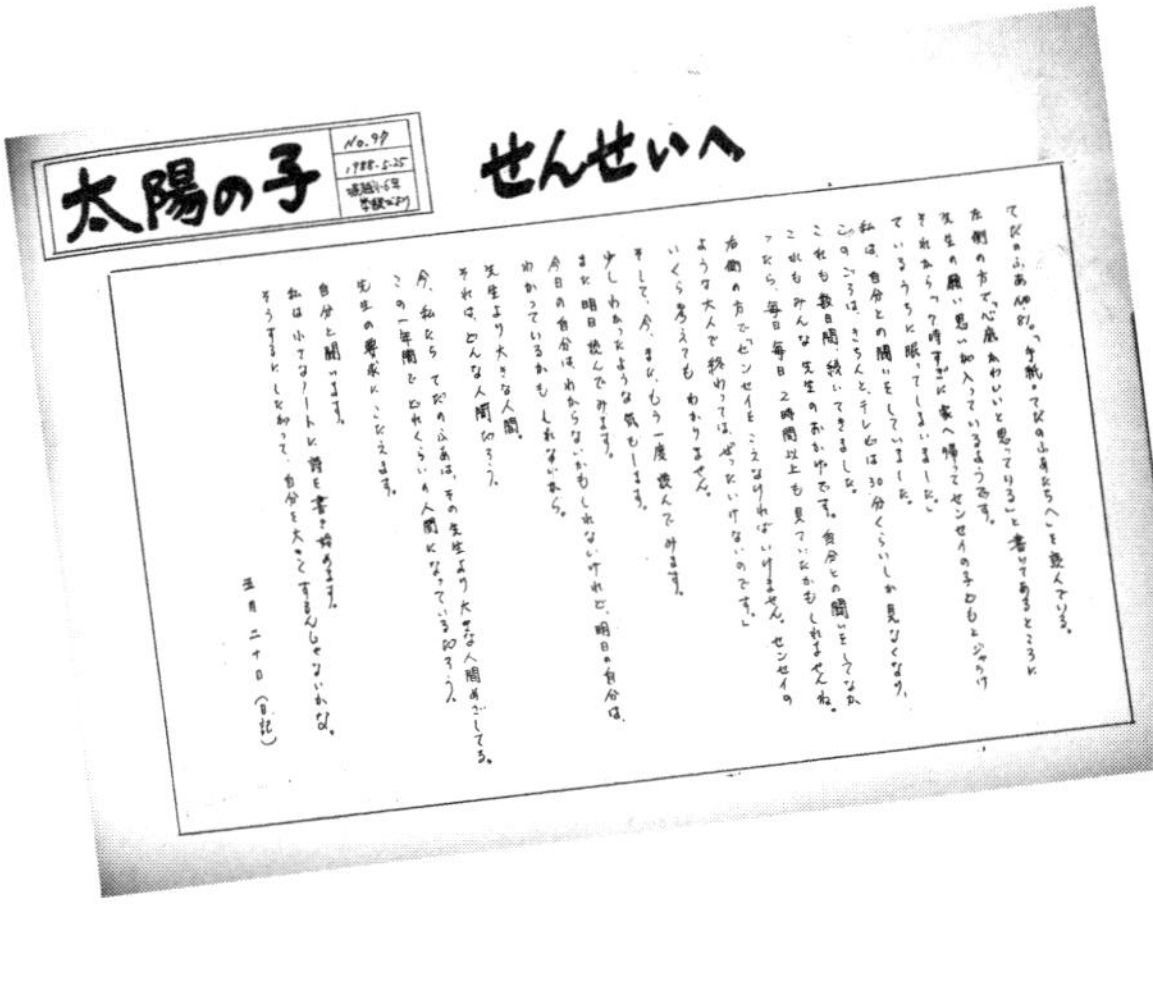

ノート一ページ以上書きました。

詩を書いたら、不安な心が飛んでいきました。

自分では、よく書けたなあと思いました。今まできらいだった詩が、一ページ以上も書けたなんて、とても信じられませんでした。

自分の気持ちがあらわせる詩。そんな詩をもっともっとこれからも書きたいと思います。

太陽の子 No.99 自分で決意することに意味がある（一九八八年五月二十五日）

さらば

Eちゃんがシールをやめた。みんな、てだのふあを読んで思ったのだろう。

先生が言う。いつかどこかでやめなければいけないと。

そして九人がやめた。もちろんぼくもだ。

さらば、わが青春。

大人に近づくために

今日、シール集めから足を洗った人は二人だった。その人たちは大人に近づいた。学校から帰ると、ぼくも大人に近づこうと思った。

K登君と遊んで、K登君が帰ると、さっそくテレビを見たくなったが、大人に近づくために、一つの番組しか見なかった。

一九八八年五月二十五日。シールに恋していた男たち十五人。シールに別れを告げたもの十五人。すべての男たちが、自分の意志で恋し続けたシールたちに別れを告げた。十五人の男たちは言う。サラバ、オレは大人になる！

太陽の子 No.100 てだのふあ一〇〇号の日に （一九八八年五月二十七日）

この一枚で、一〇〇枚目の「太陽の子」になります。てだのふあたちとの出会いの日から、もうすぐ二カ月。本当に、風のように一気に時が過ぎ去っていきます。

家庭訪問のとき、また、おたよりで、「太陽の子」にあたたかい励ましをいただきました。恐縮しながらも、うれしかったです。

学級だよりを何故、書くのか。これまでにも、何度も考えてみたことです。

その意義については、多くの人が語っています。学校と家庭のつながりを深めるため。教師と親が、一緒に力を一つにして、子どもたちを育てるため。子どもへの励ましのため。などなど、学級だよりを扱った教育書がたくさん出ています。

私は、何故書くのか。

今までに、一七〇〇枚ほどの学級だよりを書きました。最初の教え子たちは、十七歳になっています。

彼らは、小学校を卒業したあと、思春期のドまん中で、いろんなことで悩み、考え、よく手紙をくれました。その手紙の中で、何人かが書いていました。

〝夜おそく、六年生の頃の学級だよりを開いて、読んだ。泣けてきて、しょうがなかった。また、明日から、がんばってみます。〟


学級だよりは、その子の、六年生十二歳の一年間の記録でした。

内容の薄い、こぎたない字の学級だよりです。

けれど、確かに、その子たちの生きた一年間の記録でした。

何を考え、何に怒り、何に悲しみ、何に喜んでいたのか、その記録でした。


「太陽の子」が、今日で一〇〇号になりました。

「太陽の子」が、もし、三十五人にとって、一年間の生きた記録になってくれたら、それですべていいです。


学級だよりを書く、もう一つの理由。大した理由ではないですが。

私自身のためです。

このセンセイという仕事について、一つだけでもやり続けたいこと。

それが、学級だよりを書き続けることです。

体が疲れていると、なかなか書く意欲が起こりません。

それ以上に、子どもがイヤに見えると、まったく書く気がしない。

それでも、書き続けること。カッコつけて言えば、〝教師として生きるあかし〟として。


てだのふあたちとの出会いの日から今日まで、何とか毎日、出し続けることができました。てだのふあたち三十五人のおかげです。

ステキな子どもたちです。この子たちの〝今〟を記録できるのは、〝今〟しかありません。

また、明日から書き続けます。

太陽の子　No.103　一〇〇号記念日記特集―その二―（一九八八年五月三十日）

今日で、「太陽の子」がなんと一〇〇枚目です。夜、今までの太陽の子を出してきて重ねてみると、すごいあつさでした。たった二カ月くらいしかたっていないのに、一〇〇枚もたまりました。先生も、毎日書いているので、とても大変だと思います。だから、わたしも、先生と同じで、毎日勉強をしています。

みんなのこと、みんなの作文、詩、おたより特集など、いろいろなことがあります。

「太陽の子」に作文などがのっていない人は、クラスにだれ一人もいません。

みんな先生がのせてくれました。それより、みんなが、のせてもらえるように書いています。

先生、これからも「太陽の子」をがんばってください。


てだのふあ、一〇〇号、ついにやったよ。

心の底から　やったんだあって思いが　こみあげてきた。てだのふあって　とっても大きい。

なやんでいるとき、てだのふあを読むと、それがはっきりわかる。てだのふあは、大きいんだって。

それにくらべてじぶんときたら　何をするにもなやんで。

てだのふあが、うらやましいと思う。

どうしてあんなに　大きいんだと。

人間じゃないのに。一枚の紙なのに。

どうして、てだのふあって、やさしいんだろう。

今日、太陽の子をもらった。それは一〇〇枚目だった。

毎日、先生がてだのふあを二、三枚ずつくれて、それが二カ月もたつと、一〇〇枚もたまった。これくらいの量を先生が毎日書けば、卒業式まで、どんなにたまるかなあと思ってます。

なんだか今日は、とてもうれしい日なので、〝てだのふあ一〇〇枚記念日〟と名づけました。


きょう、五月二十七日「てだのふあ」一〇〇号にいきました。

ぼくは、一〇〇号まで一号もなくしたりはしませんでした。

ちゃんと自分で保管してあります。

「てだのふあ」は太陽の子。いまその本を借り中です。

一〇〇号までのいろいろなこと、シールとの別れなどなど。

ぼくたちの学級だより。ぼくたちのてだのふあ。先生、一年間、ずっと書き続けてください。


ぼくの「てだのふあ」との思い出は、「てだのふあ」の意味を知ること。

先生は、「図書室にある。」と言っていた。僕は最初、「子ども」という意味ではないかと思った。でも、さがした。なかった。見つからなかった。

五〇号でわかった。「太陽の子」、これが「てだのふあ」。

この本を読んだとき、先生のことをもっとしれる気がした。

「てだのふあ」は、ぼくの詩や日記が書いてある。はずかしいけど、おもしろい。

先生、これからも、「てだのふあ」を書いてください。ぼくも、読み続けるつもりです。

夏

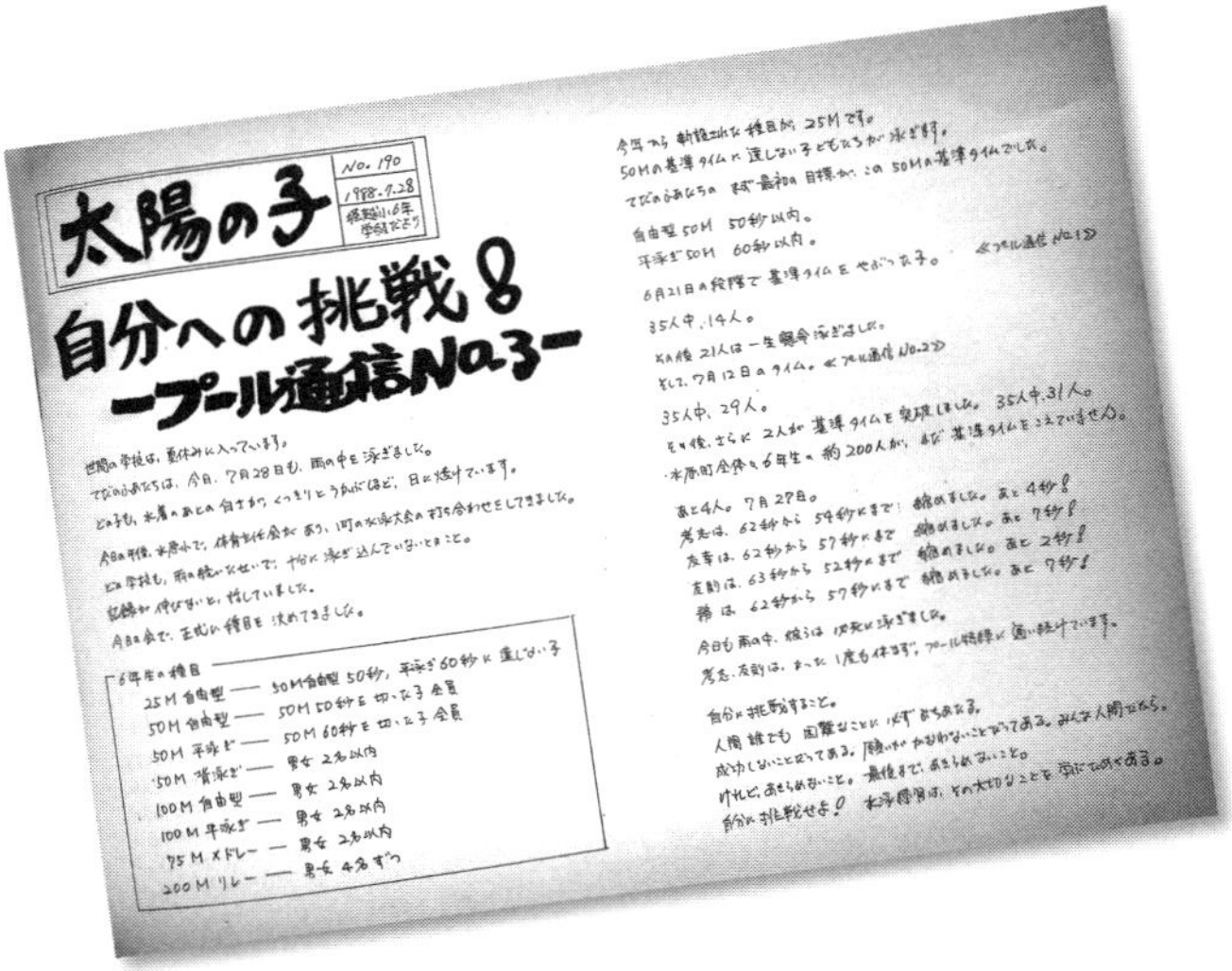

太陽の子

No. 190

1988.7.28

6年 学級だより

自分への挑戦!

ープール通信No.3ー

世間の学校は、夏休みに入っています。

てびのふあなたちは、今日、7月28日も、雨の中を泳ぎました。

どの子も、水着のあとの白さが、くっきりとうかぶほど、日に焼けています。

今日の午後、水原小で、体育主任会があり、町の水泳大会の打ち合わせをしてきました。

どの学校も、雨の続いたせいで、十分に泳ぎ込んでいないとのこと。

記録が伸びないと、心配していました。

今日の会で、正式に種目を決めてきました。

6年生の種目
25M自由型 —— 50M自由型50秒、平泳ぎ60秒に達しない子
50M自由型 —— 50M50秒を切った子全員
50M平泳ぎ —— 50M60秒を切った子全員
50M背泳ぎ —— 男女2名以内
100M自由型 —— 男女2名以内
100M平泳ぎ —— 男女2名以内
75Mメドレー —— 男女2名以内
200Mリレー —— 男女4名ずつ

今年から新設された種目が、25Mです。

50Mの基準タイムに達しない子どもたちが泳ぎます。

てびのふあなたちのまず最初の目標が、この50Mの基準タイムでした。

自由型50M　50秒以内。

平泳ぎ50M　60秒以内。

6月21日の段階で基準タイムをやぶった子。《プール通信No.1》

35人中、14人。

その後21人は一生懸命泳ぎました。

そして、7月12日のタイム。《プール通信No.2》

35人中、29人。

その後、さらに2人が基準タイムを突破しました。35人中、31人。
・水原町全体の6年生の約200人が、まだ基準タイムをこえていません。
あと4人。7月27日。

考志は、62秒から54秒にまで縮めました。あと4秒!

友幸は、62秒から57秒にまで縮めました。あと7秒!

友則は、63秒から52秒にまで縮めました。あと2秒!

勝は、62秒から57秒にまで縮めました。あと7秒!

今日も雨の中、彼らは必死に泳ぎました。

考志、友則は、まだ1度も休まず、プール特訓に通い続けています。

自分に挑戦すること。

人間誰でも困難なことに必ずぶちあたる。

成功しないことだってある。願いがかなわないことだってある。みんな人間なら。

けれど、あきらめないこと。最後まであきらめないこと。

自分に挑戦せよ! 水泳練習は、その大切なことを学ぶためである。

太陽の子 No.105 流れの中で…　（一九八八年六月一日）

運動会まで、あと三日となりました。毎日、朝八時前から夕方五時すぎまで、てだのふあたちは、かけずりまわっています。何故〝運動会〟はあるのか。もう何年も、体育主任として毎年、運動会の時期になると考えます。結論は一つです。子どもたちが大きく力をつけるためです。

運動会当日もちろん大切です。けれどそれと同じくらい、いえ、それ以上に運動会までの日々が大切なのです。運動会に向けての準備、練習。その過程で、子どもたちに何かを学ばせなければいけません。

てだのふあたち六年生に話しました。三週間前のこと。

「おまえたちがしっかりしなければ、すばらしい運動会はありえない。おまえたちは、全校のリーダーなのだから。」

それから—。

三十五人は、私の予想以上に動きました。初めてつくる応援計画原案。団結式に向けての練習。ノボリ作り、パネルかき、ポンポン作り…。

赤組のノボリ作りの中心はK志でした。いつも放課後になると、二階の児童会室にこもり、一生懸命でした。竹を切り、はり金で止め、今日一日、立派なノボリが完成していました。

どうぞ見てあげてください。

パネルは、大洋紙十六枚をつなげた大きな絵です。子どもたちは、未知への挑戦でした。

赤組は、龍の絵。白組は、トラとタカの絵。それはそれは、堂々とした作品です。

今日一日、家から持ち寄った段ボールをウラばりして、完成しました。

どうぞ見てあげてください。

ポンポンは、女子が中心になって、それこそひまを見つけては、必死につくっていました。昼休みは、赤・白それぞれ、下学年につくり方を指導していました。毎日、毎日。どうぞ見てあげてください。

赤組は、空きカンを持ってきて、赤のペンキをぬりました。そこに砂をつめ、ボール紙でフタをし、音を出す道具をつくりました。Y一郎は、百何十個の空きカンを、リヤカーをひっぱって夕方集め回ったそうです。赤組全員の分を、ペンキをぬり、つくり上げたのです。どうぞ見てあげてください。

こうして、今書いていて、胸が熱くなってきます。てだのふあたち、三十五人…。運動会という大きな行事。そこへ至るまでの大きな流れ。流れの中で、てだのふあたちは確かに何かを学びつつあります。自分たちの力で、大きなものをつくり上げていく実感を、彼らは感じているはずです。流れの中でこそ、子どもは成長します。

太陽の子　No.108　いよいよ あさって　運動会　（一九八八年六月三日）

六年生は、朝七時三〇分ごろまでに登校です。応援準備です。
競技中は、半そで、短パンですので、よろしくお願いします。
九時　入場行進開始！　今までの練習・準備の成果、三十五人の勇姿をご期待ください。
お待ちしております。

太陽の子　No.129　最後の運動会　（一九八八年六月五日）

今日、四日、午後から、てだのふあたちを呼びました。そろばんやピアノなどがあった子もいたとのこと、無理をさせました。すみません。

てだのふあたちが、昨日書いてきた「運動会」を「太陽の子」にして持たせました。枚数が十数枚になるため、今日は自分の日記が載った号だけ、持っていきましたが、後日、他の子たちの日記の分も配りますので、どうぞ読んでみてください。

今日の一時間目、時間が中途半端でしたので、詩の暗唱をやらせました。

今まで覚えてきた詩の中から選んだ詩を、たった一人で、みんなの前で暗唱させました。

条件は、一つひとつの言葉に心をこめて、力強く、大きな声で。

てだのふあたちには、まだ苦手なことの一つです。自分を精一杯、大勢の前で堂々と出すこと。

女子は初め、誰も進んで手を挙げませんでした。けれど、男子は違いました。

A、実に堂々と。自分の考えを述べることに関しては、最も力をつけてきている子です。

そして、K友、Y一郎、T人、Y朗。自分を出すことに躊躇《ちゅうちょ》しなかった。

もう二人、M樹とK司。この二人は、運動会までの過程を通じて、間違いなく大きく成長しています。応援団長の経験が、二人を鍛えたと断言できます。そのことはまた、学習にも大きな力として、発揮されるでしょう。この七人は、常に一人で、詩を堂々と暗唱できます。

他の男子の中で、とくに印象的だったのは、H。

Hの「我は鉄なり」の暗唱は、すばらしいものでした。（おばあさん、ぜひ聞いてあげてください。）

女子は…まだ、自分を一人きりで堂々と人前に出すことを、進んではしない。おしいことです。

けれど、待ちました。

A沙が起立しました。そして、大きな声で、詩を暗唱しました。

続けて、何人かの女子が起立し、精一杯の声で暗唱しました。

初めて聞く女子の力強い朗読の声でした。

さらに多くの女子が、起立していきました。

その中で、A子。

A子は、詩を感じ取りながら、暗唱しました。最も高い点をあげました。

それから、A子は常に、手を挙げ続けていました。

一つの壁を、てだのふあたちはこえたと、このとき、思いました。

三時間目、グラウンドへ出て、たまった水をバケツですくい出す作業。

てだのふあたちにとって、最後の運動会。それは、六月五日の日曜日でなければいけない。彼らは、〝六月五日〟を目指して、長い間、準備、練習を重ねてきたのだから。

午後四時、やっと水をすくい出した。グラウンドに、また大粒の雨。また、水びたし。

てだのふあたちは、再びバケツとシャベルを持って、グラウンドに散りました。

六時過ぎまで、彼らは水をすくい続けました。最後にはぞうきんで。


今、夜の九時を回りました。夜空に、星が輝いています。

明日、六月五日、てだのふあたちの最後の運動会。

太陽の子　No.130　太陽親特集（一九八八年六月八日）

先日でした。子どもに「おかあさん、私、詩を暗唱するから間違っているか、紙に書くから見てて。」と言われて、六年生になって初めて、子どもと一緒に勉強をしました。

そのとき、子どもが出来たと言って、私の顔を見て「にこっ」としました。

その顔を見て、わずか何分でもないのに、こんなに子どもが喜んでいる、親として毎日の仕事の忙しさにかまってやれない。親のわがままにすまないと思いました。

子どもたち、先生も、こんなにも一生懸命自分との闘いに勝っているのにと、親として元気づけられました。

この先も、学級だよりをたよりに、親としても闘っていきたいと思います。

「てだのふあ」のおかげで、子どもたちの心のうちを感じることができ、大変ありがたいと思っています。六年になった我が子を見ると、体だけでなく、何かしら目に見えない部分がずいぶんと大きくなったようで驚いています。

どちらかと言えば、消極的だった娘が、ひと回りもふた回りも成長したような気がいたします。親の欲目でしょうか。

今、我が子に望むことは、意思表示をはっきり、話すときもはっきりとした口調で。

そして最後に忘れてほしくないこと。

いつも女の子らしい思いやりを大切に！

太陽の子　No.132　詩集　てだのふあたち　（一九八八年六月九日）

失敗

だれにでも失敗はある。
なぜ失敗があるのだろう。
なければいいのになあ。
だって失敗ははずかしいから。
失敗したとき　いやな気持ち。
もう一度することはできないから。
時はもどらないから。

でも
失敗すると大きくなるという。
はずかしいけど、
子どものままでいられないから
失敗はあるんだね。

A美

明日

一日をふり返って
自分がみじめになったときがある。
とても苦しかったこともある。
みじめになったなりに
苦しくなったなりに
明日に向かって
がんばればいい。
それが人間の生き方だ。

K司

詩人N生

詩人N生は
天才のわけがない
ぼくらと同じあたま
でも　ふしぎだ
N生の詩は生きている
生きている

S志

おべんとう

おかあさんの気持ちが、この四角いところに
はちきれるほど　ぎっしりと。
たまごやきにも。ウインナーにも。焼肉にも。
ありがとうというかわりに　おいしかったよ。
お母さんは、にっこりほほえんだ。

ぼくのわるいところ

ぼくのわるいところ　いつもだめなばしょ
それは手をあげること。
いつもあげられない手
たまにあげるときがある。
でもかんたんなもんだいばかり
むずかしいもんだいはだめ。
だからぼくのわるいところは　手をあげること。
手をあげること
それはぼくにとってゆうきのいることだ。

病気

病気になったとき
苦しくて　苦しくて
死にそうだった。
もうこのまま
死んじゃうのかなと思った。
だけど、お母さんが心配してくれて
お父さんも　おばあちゃんも
いつも　けんかばっかりしている
弟も
みんな　みんな
心配してくれて

苦しかったけど
死にそうだったけど
心のどこかで　うれしかった。

K

太陽の子　No.138　詩集　てだのふあたち　（一九八八年六月十五日）

自分

自分で自分がいやになるときがある。
一日いやな自分でいたら
私、どっかこわれちゃうかもしれない。
一日大好きな自分でいたら
私、わがままになっちゃうかもしれない。
自分。いい所なんて一つもない。

いい所を見つけてくれた人がいた。
ありがとう。

A沙

詩

Kちゃんの詩　なみだが出た。
なきたくもないのに　なみだが出た。
なんでだか　わからないけど
心の中にとげがささったように
いたかった。

ごめんね

あたし見た。
しーんと立候補しなかったとき
先生　心の中で泣いてた。
なみだためてたもん。
あたし、自分の目で見たの。

そのとき
あたし心の中で
「ごめんなさい。」
って　言ってた。
ほんとうだよ。
だから、今でも
自分が悲しい。

先生、ほんとうに
　ごめんね。

S子

太陽の子 No.145 詩集 てだのふあたち（一九八八年六月十七日）

A君

A君って　すごいなー。とってもすごいなー。
国語の時間、算数の時間　どんな授業も
一番先に手をあげて　発言する。
思いきって　勇気をもって　発言する。
A君ってうらやましい。

T文

やさしさ

意地悪な子から　友達をかばうのは
たしかにやさしさだ。
しかしそれは本当のやさしさではない。
本当のやさしさの半分にもたっしない。
本当のやさしさとは
たとえ意地悪な人にでも
心から本当に本当に
心配する。
それが本当のやさしさではないだろうか。

先生の授業

先生って不思議。
だって
楽しいけど、まじめな授業を
つくるんだから。
楽しくてまじめで…。
最高の授業だよ。

朝、学校について
教室に足をふみ入れると、
私は、その
〝楽しいまじめ授業〟に
とりつかれるの。
それから一日が始まるの。
先生の授業が始まるの。

太陽の子　No.146　もっと大きくもっと高く　（一九八八年六月十八日）

ここのところ、ずっと、てだのふあたちの詩を載せてきました。四月の頃と比べて、彼らは確かに大きくなっています。

まだ、彼らは子どもです。真剣におこれば、どの子も涙を浮かべます。真剣にほめれば、どの子も顔いっぱいに笑みを浮かべます。小さなあやまちをくり返します。

一つの遊びをみんなで、一生懸命やっています。

彼らは、まだ十一歳、まだ子どもです。

けれど今、てだのふあたちは、確かに大きくなりつつあります。

てだのふあたちの詩。そこには、彼らの精一杯大きくなろうとする心が見えます。

自分を深く見つめようとしています。

自分を見つめ、人を見つめています。

自分の弱さを認め、人の強さを認め、自分を大きくしようとしています。

自分の今を否定し、明日に希望をいだいています。

彼らは、確かに大きく成長しつつあります。彼ら三十五人のてだのふあたちの日々が、一日一日すぎていきます。

一つの行事が終わります。その行事をもう一度、彼らとくり返すことはできません。来年、彼らは、私と一緒ではありません。運動会が終わりました。終わったあと、何人かが泣いていました。T文は、すべての種目を終えて応援席についたとき、涙が出てきたそうです。てだのふあたちの最後の運動会が終わりました。来年、彼らは私とともにいません。

プールが始まりました。夏が来ました。春が行きました。

再び、彼らと春をともにすごすことはできません。

さみしいです。だからこそ、彼らの一日一日を大切にしなければと思います。

彼らのために何ができるか、考え続けます。

そして、彼らに要求し続けます。もっと大きく、もっと高く！

三十五人一人ひとりが今、いとしく感じられます。彼らは、今、間違いなく、私の教え子です。

そんなことを、てだのふあたちの詩を読み、思っています。

太陽の子　No.150　てだのふぁ一五〇号特集―今、幸せですかPART1―

（一九八八年六月二十七日）

六月になって今、幸せか。ふだんは感じていません。しかし、「太陽の子」を読むと、なぜか幸せになります。

その理由は、第一に先生。おもしろい先生ですが、「太陽の子」を書いている内容でわかります。ぼくたちへのようきゅうでもわかります。「一人ひとりが必ずかしこくなること」この言葉、ぼくたちにこのようきゅうを押しつけてはいません。そうかもしれませんが、ぼくはちがいます。決してちがいます。

第二にクラスのみんな。これも「太陽の子」の詩でわかります。詩とは、人の心をうつす鏡と「太陽の子」にも書かれてありました。そのとおりだと思います。

心を言葉で表すのは困難です。だから言葉を選びます。詩を見れば、その人の心があります。よく詩人はすごいとみんなは言いますが、あれは全くのまちがいです。

詩とは心。心を書ける人は詩人です。少なくとも、クラスの人は、みんな詩人です。だからこそ幸せです。心を書ける人がぼくの周りにいるから。

第三に学級だより「太陽の子」の存在。第一の先生、第二のクラスのみんなを知ることができるのは、この「太陽の子」のため。だからこそ、幸せになれたのです。これからも「太陽の子」を読んでいけるという喜びも幸せだから。

この大きな「太陽の子」を忘れません。中学校へ行っても、高校へ行っても。先生の昔の教え子のように。

もし、『太陽の子』を先生が読んでいなければ、ぼくたちは平凡な六年生であったでしょう。もし、灰谷さんが『太陽の子』を書かなければ、ぼくたちは平凡な六年生であったでしょう。灰谷さんにかんしゃします。『太陽の子』を読んでくれた先生にかんしゃします。

時間は、ゆっくりすぎてほしいです。先生とのくらしは、一年間という限られた時間です。その中で、どれだけ思い出をつくれるか。いっぱいつくりたいです。

あと九カ月。ゆっくりと時間が流れてほしい。

幸せで、悲しい。

太陽の子 No.151 てだのふぁ一五〇号特集―今、幸せですかPART2―

（一九八八年六月二十七日）


今まで好きだったこと、やっぱり詩の暗唱。

詩を書くのは好きではないけど　おぼえるのは好き！

それとか　いろんなことをしてくれる先生。

お昼休みに　かくれんぼ！　太陽文庫とか詩のノートに暗唱、日記。

初めて会ったときは、四月三日、一年二組の先生の机を直しているとき、はなうたをうたいながら直していて、そのときとってもひょうきんだなと思った。

体育も上手でひょうきんで、先生になってよかったと思う。

班長だって、今まではきまっていたようなのを、先生はだれだっていいっていうように。

今までやってきたこと、みんな楽しかった。

今、幸せだよ、先生！


六月も末になりました。日一日と夏らしくなっていきます。

「太陽の子」が、一五〇号にようやくとどきました。

てだのふあたちと出会ってから、三カ月にもうすぐなろうとしています。

てだのふあたち、今、幸せですか？


私は今のところ、幸せです。

学校も楽しくてしかたありません。学校へ来ても、いじめる子やいじめられる子、一人もいません。

それどころか、クラスの中のみんなが友達なので、ケンカなんてめったなことがなければしません。

勉強もとても好きになりました。国語も算数も。

今まで、ぎもんがたくさんありました。意味がわからないのもいっぱいありました。でも、くわしく教えてもらったり、自分たちもどんどん授業に参加したおかげで、わからないものも、すぐに解けるようになったんじゃないかな。

もう六月も終わりです。始業式から始まって今、六月二十五日、今までずっと六年生として、みんなの前に立ってきました。全部私たちが中心になってみんなをひっぱってきました。そして、これからも。

今はまだ六月。さよならまで、何カ月もあります。

私たちはまだ、本当の六年生ではありません。みじゅくものです。まだ赤ちゃんです。でも、これから残った月日で、せいいっぱい自分を本当の六年生にするんだよね。自分で自分を育てるんだよね。

私は今、自分を育てているまっさい中。

卒業までに大きくできるかな。

私は今、とても幸せです。

こうして、自分を育てることが、大きくさせることがなにより幸せです。

これから、どんなことがおきるのかなあ。

太陽の子　No.153　本との出会い　（一九八八年六月二十八日）

学校から帰って、つくえの中に二さつの本を見つけた。

一さつは、ぼくの大すきなマンガの『ついでにとんちんかん』。もう一さつは『太陽の子』。

ぼくは、『太陽の子』は一度読んだので、マンガにしようと思ったが、もう一度、『太陽の子』を読むことにした。

さいしょは、ひまつぶしで読んでいたのに読んでいるうちに、だんだんとまじめに読んでいた。

『太陽の子』を読み終わると、『わたしの出会った子どもたち』が読みかけだったので、読んだ。読みのこしたところは、「生きる」という話だった。これも『太陽の子』と同じような気持ちだった。

ぼくは生まれて初めて、感動を知った。これが感動というものなんだなあと思った。

今日は、ぼくにとって、とてもすごいことを知った日でした。

今日二十七日の朝、Ａが出した日記です。最後に「てだのふあには、のせないでください。」とありました。

ふつうはこう書かれている場合は載せませんが、Ａの場合は特別。

実にステキな日記です。Ａも書いているように、Ａにとって、忘れられない貴重な日になるはずです。

人が、人になっていくのは、人とのつながりを通してです。

人は、人と出会うことによって、自分をつくっていくのだと思います。

少なくとも、私はそうでした。

今、このときの自分のものの考え方、感じ方は、すべて今まで出会ってきた人から学んできたことです。

人との出会いは、その人を確かに変えていきます。

人は、人と出会って、一個の人間に成長していくのです。

そして、本。本とは、すなわち人です。

本には、それを書いた人の人生がつめこまれています。

一冊の本を読むことは、一つの生き方に出会うことにほかなりません。

すばらしい本との出会い、それは必ずそれを読むものを変えます。


てだのふあたちは、これから、思春期に入ります。そのときに本との出会いを求める子になっていたなら、その子は大きく大きく人として成長しましょう。確かな一人の大人へと育ちましょう。


私はそれができませんでした。それが今、心底悔やまれます。人生はあともどりできませんから、仕方ありませんが。

私が本に出会ったとき、すでに思春期をこえていました。

自分を徹底的につぶしたのも、本との出会いからです。

それまでの多くの考え方は、本によって否定されました。

二十歳《はたち》の頃。

今の自分の考え方、感じ方、ものの見方の一つひとつを、二十歳の頃、やっとつくり始めたのです。情けないことに。本との出会いが遅すぎました。

《つづく》

太陽の子　No.154　本との出会い　その二（一九八八年六月二十八日）

大学へ入る前、本は読みました。その本から確かに知識は得ました。すさまじい量を頭につめこみました。暗記。けれど、それは入試のための作業でした。いったい、それが何だったのか、今の私にとって何なのか、わかりません。

大学に入り、本と出会いました。それこそ、むさぼるように読みました。金はありませんでしたが、本だけは買い続けました。

本を読み、魂が揺さぶられることを知りました。

バイトから帰り深夜、本を読み始め、夜が明けるまで読み通したことが何度もありました。

それまでの私の考え方は、確かに大きく、変わっていきました。

けれど、遅すぎました。すでに、それまでに多すぎるくだらないことを、私自身の中につめこんでいたから。

てだのふあたちはこれから大人になっていきます。うらやましいです。

彼らは、私をはるかに高くこえていきましょう。確かな人間に育っていきましょう。

この間の授業で、先生の大きさを知りました。先生の言った言葉の中から知りました。（やっぱり自分は、先生よりも小さい。先生は自分の何億倍も大きい。）初めてそう思いました。

私が先生の大きさを知ったのは、国語の時間でした。

短歌の勉強で、「ふるさとのなまりなつかし―」の話者の位置が都会ということになったとき、先生は言いました。「ふるさとに帰りたくても、ふるさとを思う気持ちだけでがまんする。そういう詩もありましたね。」先生が小景異情その二のことを言っているのは、すぐにわかりました。でも、私には、この詩の主題がわからなかったから、先生を大きく感じたわけです。それにもっと、ハッキリすることは、先生は百以上の詩を覚えていて、その一つ一つの詩の主題がわかるということ。だって、「ふるさとの―」にしたって、「てふてふが―」にしたって、先生は最初から主題も話者の位置も知ってたんでしょ。

私にとって、先生をこえろという要求は大きすぎます。

私はまだ『兎の眼』の主題も知らないっていうのに、主題を知っている先生をこせなんて。

でも、私が先生をこしたならば、今までよりもいろんなことに気がつくかもしれない、そんな気がします。

Kの日記です。Kの書くものすべてに、私の心をとらえるものがあります。

こわさささえ感じます。

Kは言います。「先生は私の何億倍も大きい。」

そして「先生をこしたならば、今までよりもいろんなことに気がつくかもしれない。」

断言します。Kは、必ず、私の〝何億倍〟も大きな人に育ちます。

彼女は、すでに本との出会いを求めています。

人との出会いを求めています。

そして、そこからどん欲に、きわめてどん欲に学ぼうとしています。

常に上を向いています。

Kは必ず、私をはるかに高くこえます。

《了》

太陽の子　No.157　人とのつながりの中で　その一（一九八八年七月四日）

詩人N生は
天才のわけがない
ぼくらと同じあたま
でも　ふしぎだ
N生の詩は生きている
生きている
S志

てだのふあ一三二号にS志君の詩がのりました。

S志君の詩を読んで、すごく感じました。「そう言えばそうだ。」

今日、先生が言ったように、のうみそに差があるなんてことはないのです。

私も前々から少しずつ思っていました。問題はやる気なのだと。

でも人間は不思議です。やる気だけで、ずいぶんその人の〝得意〟がふえるのだから。

S志君の詩は、そのことを言っているのでは、と思ったりもします。

今思います。S志君と同じように。

N生君と私たちは同じ頭なのです。ただ、伝えたいと強く思うと言葉を選ぶのでしょう。


このことを勉強中にたとえてみてもそうです。

先生の言ったように、常に自分が手を挙げているようにすると、頭にしっかりおいていると、手を挙げる回数も多くなるし、文をよく読み、新しいことを発見することもできます。

つまり、やっぱり、A君やA沙ちゃんと私たちの頭は同じなのです。

気持ちのもち方しだいで決まってしまうのです。

そのことをS志君の詩を読んで知りました。


―日記より―


人が人として成長していくのは、人とのつながりの中においいて。

自分の周りにたくさんの仲間たちがいて、そして、

「あの人のようになりたい」と。その思いが人を大きくする。

自己中心的な人がいる。

自分よりすぐれた人を認めない。

人のいい点に目をつぶり、その人の悪い所だけを取り上げる。そうして、自分を安心させる。

そこには成長はない。

自分への甘えしかない。


完璧な人など存在しない。

人の欠点を見つけることは、だからたやすい。

人の欠点を見つけることによって、自分をごまかす、そんな人になってほしくない。

人の長所を見つめよ。

そして、あこがれなさい。

あの人のようになりたい！と。

太陽の子　No.158　人とのつながりの中で　その二　（一九八八年七月四日）

Dちゃん、ありがとう、ごめんね

Dちゃん、ありがとう。やっと少し好きになれたよ。

前までいやだったけど、金曜日の給食のとき。給食をわたしの所に置きにきてくれたとき、わたし「自分で取りに行く」ってDちゃんをさけた。

そのとき、Dちゃん、いやな顔しないでいてくれたよね。それで、わたしDちゃんにわるいことしたな、って思ったんだ。そして、心の中で「ごめんね」って。そのとき、自分がにくかった。

わたしがなぜDちゃんをきらいかっていうと、いつもつめをかんでいるでしょ。だから、あんなふうにしてさけたの。

「自分で取りに行く」って言ったときは、Dちゃん、心の中でわたしのこと「大きらい」って思っていたでしょう。でも、顔では見せなかった。前からわたしのことさらいだったから、どうでもいいや、って思ったんじゃない？

わたし、そのときからDちゃんのことが少し好きになった。もし、Dちゃんがわたしのことさらいでも、わたしは大好きになりたいから、がんばってみるよ。

Dちゃんもわたしを少しでも好きになってね。いやなとこがあったら、はっきり言ってね。

ほんとにさけたりしてきたこと、ごめんね。またきらいになると悪いから、つめをかんだりするのは、ぜったいやめてね。あのとき、好きにならせてくれた。

ありがとうDちゃん。ごめんねDちゃん。

—日記より—

人が人として成長していくのは、人とのつながりの中において。

自分の周りにたくさんの仲間たちがいて、そして、時には傷つけ、時には傷つけられ、ある人をきらいだと怒り、ある人からきらわれていると悩み…。その思いが人を大きくする。

傷つくのをおそれて、人前で自分を出さない人がいる。きらわれることをおそれ、自分を小さく押し殺す。その人の前ではニコニコとほほえみ、かげにまわって、コソコソと非難する。

そんな人になってほしくない。

自分の信ずることを大事にせよ。きらわれることをおそれるな。そして、大きな人になってください。

太陽の子　No.166　てだのふあたちへ　（一九八八年七月六日）

三十五人のてだのふあたちへ
今日もまた、めっぽう忙しい一日でした。今頃、ぐっすりと眠っていることでしょう。

今朝、久しぶりに三十五人のそろった日記帳を読みました。

みんなが朝の会に熱中しているとき、センセイは三十五冊の日記を読み、そして、外のグラウンドを見ました。涙が出て困ったからです。みんなに涙を見せるのはハジです。

昨日、「太陽の子」を二枚渡しました。「人とのつながりの中で」の二枚です。

その「返事」を日記で読みました。

センセイは昨夜、十時過ぎに帰り、みんなの詩を読み、「太陽の子」を書きました。

そして、みんなは、日記帳を開きました。

みんなとセンセイは、確かに一緒にいると、日記を読み、思ったのです。

S子の日記

今、八時三十分。光GENJIの歌が終わってテレビを消したあと。

机の引き出しに目をやった。

太陽の子がねむっている。むしょうに読みたくなって、太陽の子のたばを出した。

佐渡旅行の太陽の子にひかれた。読んでいくと本当に楽しかったときが思い出されていく。

読んでいて二枚取り出した。

先生が私を太陽の子だと認めてくださった文があった。

「パタ」　白い紙がぬれた。

次々と水玉もようにそまっていく。

むねがあつくなった。顔があったかくなって、ほおを流れるなみだがくすぐったい。

今の私には心の整理がつかない。

文を読んでいくにつれて、目がしらがあったかくなり、最後の部分になると、まあるい玉がたくさん目の前に出てきて、なぜか体中、とっても熱かった。


センセイは、みんなの詩を読み、「太陽の子」を書く。それと同じ夜、S子は「太陽の子」を読み、感じ、日記を書いている。

そして、今、その日記をセンセイは読み、感じ、「太陽の子」を書く。

確かに一緒です。

A沙の日記

今日の太陽の子、読みました。〝人とのつながりの中で　その一〟

自分の頭とみんなの頭は同じ。ぱっと思いつく人は、いつも頭をみがいている人。そうでない人でも、自分の頭をみがけば、そうなると思う。だって、みんな同じ頭なんだから。

詩人N生君、D君、みんな気持ちの問題だと思う。

N生君もD君も、私たちと同じ六年生なんだから。言おう。書こう。こういう気持ちが少しでもあれば、ひっこみじあんの人でもどんどん言えるし、それにサインがあるじゃない！　みんなが発言できるようにサインをつくったんでしょ。

太陽の子　No.169　テストなんてぶっとばせ！ ― 国語市販テスト ―

（一九八八年七月六日）

今日六日、国語の市販テストをする。

期待得点、七十七点。（つまり、七十七点とれば合格。）

国語のテストなど、おそれてはいけない。

みんなは授業の討論で、多くの意見を述べてきた。

一つの言葉を長い時間をかけて、検討してきた。

一つの意見について、賛成意見を述べ、反対意見を述べてきた。

答えが一つであることが、つまらないことを知っている。

答えが合うことがベストなのではなく、答を求めるまでに懸命に言葉を検討することのほうが大切だということを知っている。

国語のテストは、一つの答えを求める。

こんなものをおそれてはいけない。バカにしてかかれ。テストなんて、ぶっとばせ！

…というわけで、国語の市販テストの結果。

てだのふあたちの平均点　九十一点

明日七日。七夕音楽会

音楽会にむけて

七月七日まで、あと三日。

あと三日しかないのです。なんだか、不安になってきました。

歌のほうは〝つばさをください〟を歌うとき、高い声がでるか。

〝川の合唱〟では、私は低音のほうをやっているので、高音のほうへひっぱられないか、心配です。

演奏のほうは、ソのシャープとか、ファのシャープをまちがえないでできるか。のばすところはちゃんとのばせるか、心配です。

音楽会の日は、とうぜんドキドキすると思います。ドキドキしてまちがうかもしれません。

でも、いっしょうけんめいやったんだったら、ここまでやれた自分が、大人になったなあ、と感じるかもしれません。

あと、三日。せいいっぱい　がんばるつもりです。

日記　七月四日

太陽の子 No.177 太陽親特集（一九八八年七月十二日）

最近の太陽の子たちの進歩は、とてもすごいと思います。

大変前向きに一生懸命頑張っている様子が、目にうかびます。

人として大切にしなければならないことを教えてくださった先生にとっても感謝します。

少し頑張りの足りない子でしたが、今とてもやる気を出しています。

人に言われてではなくて自分で努力しています。

子どもの可能性ってすごいと思います。

私たち大人も一緒に進んでいかなければ、子どもたちに負けそうで、はずかしく思います。

今のこの気持ち、大切にしてほしいと思っています。

それから七夕音楽会、とっても印象的でした。選曲も先生らしいなと思いました。

恋は水色、一つひとつの楽器の音色がとてもきれいにメロディーを流してくれました。

それから、川の合唱、翼をください。

やっぱり六年生だなと感激のしどうしでした。

これからも子どもたちのこと、よろしくお願いします。


毎日、「てだのふあ」楽しく読ませてもらっています。

これが子どもたちの詩、日記かと思うほど、大人以上の感情のこもったものを感じます。

先日、七夕音楽会には祖母に行ってもらい、助かりました。

それと、先回の子どもたちだけのサイクリング、途中で雨に降られてしまって、少し残念でしたね。

でも、そこで、みんなでつくって食べた〝カレー〟とってもおいしかったらしく、家で〝カレー〟をつくって食べても、「この前、みんなでつくって食べたカレー最高だね、こんなもんじゃねえさ。」とひと言、言われてしまいました。

もうすぐ夏休み。親も子どもたちと一緒に何かふれあうことができたら、最後の小学校生活としていいなあと思っています。

子どもにとって、先生と共にしたこと、クラスみんなで遊んだこと、すべてが小学校生活の良い思い出となり、心に残るものと思います。

太陽の子 No.179 徒然なるままに その一 （一九八八年七月十三日）

今夜は、やや心がくたびれています。

さっきまで、ワタシの最初の教え子たちのときの学級だよりを読んでいました。てだのふあたちと同じ六年生、〝カメっ子たち〟。

彼らは今、十七歳になっています。

教師として初めての子どもたち。あの頃、ワタシは何を考え、何をやろうとしていたか。それを確かめたくて、学級だよりを開きました。

カメっ子たちが、ワタシから卒業していき、中学三年生になる頃、届いた手紙があります。


もう三年になります。げーっ！　そうです、受験生です。どうでもいいけど。

先日、「カメっ子たち」を読みました。なみだが出ました。

何回読んでもなみだが出ます。

そして、心の中がボーとなります。

「ああ、何てすばらしい日々だろう、あつい日々だろう」って思えてきます。

とっても幸せなときって思います。本当に生き生きと自分の生をすごしていたと。

今でも、昨日のように目にありありとうかんできます。あの二年が。

そして、その中にいた私を思い出すと、ウッと胸がつまります。

もう一度、あのときに戻りたいと思っちゃいます。正直に言うと…。

「まだ先のある者が、そんな昔は良かったなんて言うんじゃない。」と言われそうです。

否定はしません。

私は人にたよってばかりなんですよね。うーん、なさけない。

今の自分と六年の自分では、自分がちがうみたいな…

うわーっ!! 女々しいっ。気分が滅入ります。

こんな滅入ってばかりでは進歩がない。

では、私が私らしくせいいっぱい生きるには…。

わからないなぁ。なんか先生に助けを求めてるみたいですね。

やることは限りなくあります。やらないのは勇気がないから。

がんばります。勉強も運動も。自分のことも、そして、人のことも考えられる人になりたいと思います。

一日一日が輝いている日にして、手紙の内容もマンネリのパターンからの脱出を心がけます。手紙がもっと生きた文でうまるような日々にしたいなあ。

あの頃と同じように生きたいです。

先生の言うふうちゃんみたいな、太陽の子にならなくちゃ。

先生、元気ですか。

私は元気です。心の中も、元気にします。


あれから、何年もたちます。その間、ワタシは〝センセイ〟をやっていました。

多くのことを学んできたはずです。歳《とし》もいくつもふえました。

けれど、今、やや心がくたびれています。理由は、わかります。

太陽の子 No.180 徒然なるままに その二 （一九八八年七月十三日）

教師になって、七年。毎年、毎年、卒業生を見てきました。

彼らが中学へ進み、どんな日々をすごしたか、見てきました。


今、てだのふあたちと一緒です。彼らは来春、ワタシから卒業していきます。中学生となります。

三十五人みんなが、生き生きと毎日をすごしていってほしいと願います。

けれど、そのための基礎を十分に保障してあげているか。三十五人みんなに、一人残らず。

今日、何度か、偶然にこの問いを考える機会がありました。そして今、心がくたびれています。

この問いの答えをごまかそうとしている自分に気がついたからです。

三十五人すべての子どもに確かな学力を。どの子にも大きな可能性がある。

〝あの子は…〟と言う前に、〝あの子〟のために何ができるかを。ダメな子なんていない。

あの頃、カメっ子たちと一緒の頃、本気でそう思い、そして、何かをしようとしていました。

今、カッコイイ言葉だけを覚えて、何もしようとしない、自分がいます。

自分を否定しなければならないようです。何のために教師になったのか。何故、灰谷健次郎を読み、泣いたのか。もう一度、考えています。

身についた〝言葉〟をそぎとらなければ。


今夜は、てだのふあたちの日記帳と詩のノートを読みます。夜は、まだ長いです。

太陽の子　No.181　太陽《てだ》塾《じゅく》開始宣言　（一九八八年七月十四日）

みんなとの出会いの日、センセイは要求した。

三十五人すべての子がかしこくなること。

センセイがセンセイである限り、センセイ自身へ要求しなければならないこと。

すべての子一人残らずかしこくすること。

二つの要求から、〝太陽《てだ》塾《じゅく》〟を開設する。

入塾の条件を次の二点とする。
① 今、算数をきわめて苦手と思っていること。
② 自分から進んでもう一度、勉強し直そうと強く望んでいること。

◇時間：当分の間、夕方　五時三十分〜六時十五分（夏休みは、別の時間）
ただし、センセイが用事のないときに限る。
◇会場：学校六年教室
◇授業料：ただ。
◇期間：勉強したいと望むものがいなくなるまで。

今日、十三日、一回目の太陽塾を開く。六人が参加した。自ら希望して残った。

〝いのこり勉強だ〟と、ある子が言う。

〝いのこり〟とは、「残れ」と言われて、イヤイヤながらやることを指す。

太陽塾には、イヤイヤながらは参加させない。

あくまで、自ら進んで学びたいものだけを教える。

算数の基礎を学習していく予定である。

小学校六年間で学ぶ基礎計算は、次の内容である。

・整数の加減乗除
・分数の加減乗除
・小数の加減乗除

以上をしっかり身につければ、基礎は十分といえる。

三十五人すべての子に保障してやらなければならない。

これらを六年間かけて身につけることになるが、算数を苦手な子は、どこかの段階でつまずいている。一度つまずくと、それから先はますますわからない。つらい。

ある子が言う。

「オレ、自分のこと、バカだと思う。」

「算数の時間、となりの人ばっかり手を挙げて、自分が挙げられないと情けない。」

自分をあきらめないこと。ダメな子なんて、絶対いない。

一生懸命やって、できないことなんて、この世の中、そんなに多くない。

自分の可能性を信じなさい。

そのために太陽塾はある。　七月十三日、太陽塾開始！

太陽の子 No.182 生きるって素晴らしい （一九八八年七月十六日）

先輩たちへ

今日、カメっ子たち、つまり私たちでだのふあたちの大先輩の話が出た。

五年前の今、カメっ子たちは何をしていたか。

そのときの学級だよりを読んでもらった。

その頃、ちょうど四人が万引きしたことで、クラスで話し合っていた。そして作文。

五年前の六年生が書いた作文。考え方が、ものすごかった。

先生に読んでもらっているとき、自分がその五年前に六年生の立場にいるような気がしてならなかった。

そして、ある男の子の話。お父さんとお母さんが帰ってきてもいない。遊んでもらえない。きっとすごくさみしいんだ、その子。でも、それをまぎらわそうとするのか、つっぱっている。

その子が立ち直るまでのことを聞いて、熱いものが来るのを感じた。

女の子のことで、その子がすなおにあやまったこと。立ち直ったこと。

そして、自分の夢を書いた。中学へ行ったら、野球部へ入り、三年になったらキャプテンになって、そして、高校へ行ったら、また野球部へ入り、そして、甲子園へ行く。そして、プロへ。この大きな夢を、その子は書いた。

でも、お父さんが新聞にのる。なのに、その子は、ちゃんと学校へ行った。つらいのに、苦しいのに、悲しいのに。なのに。


自分がせめられている気分にもなった。そして、少しなみだが出た。

強いなあ、大きいなあって思った。


先輩たちへ。

私たちは今、五年前の先輩たちと同じ場所にいます。

先輩たちには、とてもかなわないと思いました。

でも、先輩たちに挑戦します。いつまでも、ずっと、ずっと。おいつけるまで。

おいつけたとき、そのときは、太陽の子になっていると思う。


ある男の子がいたとします。その子は、小学三年生の頃から一人でした。両親が仕事で、月の半分も家をあけるのです。さみしかったことでしょう。

六年生になるまでに、〝わるいこと〟はみんなしていました。万引き。タバコ。いじめ。

周囲の子どもたちは彼を恐れ、特別に「くん」づけで呼びました。勉強が嫌いでした。体は大きかったのですが、水泳も陸上も、選手になれませんでした。

誰もが思いました。〝あいつは、ダメだ〟。

六年の秋。その子は、陸上大会の一〇〇Mで優勝し、リレーのアンカーとして走りました。テストで一〇〇点をとりました。委員会の委員長に自ら立候補しました。

その子は、確かに変わりつつありました。

けれど、再び、あやまちを犯します。

その子のクラスの一人の女の子を〝バイキン〟と呼び、いじめていたのです。

その子のセンセイは、それを知ったとき、もう怒りませんでした。ただ、悲しんで、一言、「もう何もする気がしない。」と。

その子はその夜、母親に、自分から、自分がやったことを話しました。母親は心底、叱りました。昔に戻るのかと。その夜、母親がその子の部屋に行くと、その子がいない。その子は自転車に乗り、女の子の家に行き、あやまってきたのでした。

母親は夜中に、その子のセンセイに電話をかけました。今、その子は声をあげて泣いていると。その子は、それ以来、二度とあやまちをくり返すことはありませんでした。

卒業式をまぢかにひかえた頃。その子の母親から電話。父親が明日、新聞に載ると。

その子が電話に出ました。何も言えず、ただ泣いていました。

翌朝、その子は、学校へ来ました。日記帳にこう書かれていました。

「すごい人間になってみせます。お母さんを助けて、すごい人間になってみせます。」

それを読み、センセイは泣きました。

卒業式の日、卒業証書をもらい、教室へ戻って、その子は言いました。

「オレは泣いているんじゃない。」

そう言って、泣いていました。最後の最後まで、ツッパっていました。


その子には、夢がありました。

中学に入って、野球部に入ること。三年生になったら、キャプテンをすること。

高校へ入ること。野球部へ入って、レギュラーになり、甲子園に行くこと。プロへ入ること。


小学校の頃にあれだけの悪いことをした子を知りません。小学校の頃にあれだけの環境にあった子を多くは知りません。けれど、すでに男でした。体も心も。

その子は中学へ入り、野球部に入部しました。中学二年になり、レギュラーとなりました。三年でキャプテンになりました。公立の普通高校へ進みました。高校一年で、補欠になりました。


七月十三日。おとといのこと。

新潟日報で、夏の高校野球の記事が載りました。出場チームのメンバーが発表されました。

その子の名前を新聞に追いました。

二年生で、レギュラーになっていました。しっかりその子の名前がありました。


〝生きるって素晴らしい。人間って素晴らしい。〟

その子の名を何度も確かめながら、そう思いました。

太陽の子 No.199 残暑おみまい申し上げます―夏休みもあと四日―

（一九八八年八月二十七日）

毎日、暑い日が続いています。
元気ですか。てだのふあたち。
いよいよ夏休みも、残すところあと四日。
今頃、あせっておられることと思いますが、しっかりあせってください。

さて、水泳大会が終わって、八月十日。
みんなに話したこと。
〝たっぷり本につかりなさい。〟

ここのところ、ガバガバ届きます。
が、同じメンバーのはがきが多いようです。
あと四日あります。
三十五人全員、なんとか一冊ずつでも読み終えてくれることを期待しています。
読んでも、まだはがきを出していない人は、あせってください。

夏休みの明けた九月五日の学級だよりには、「夏休み読書はがき」の記録が残っている。一冊の本を読み終わったら、一枚のはがきを先生に出すことを約束に、休みの間に十枚のはがきを出そうという取り組み。はがきの総数は九十六枚になった。

書のはがき。その後　No.199のつづき―

	はがきの日付		本の題名	はがきの日付
ン	8月31日	[illegible]	ケンとマリの迷図紀行	8月28日
	8月29日	[illegible]	若草物語	8月27日
出すな	8月29日	[illegible]	のん太・ちょん助こわいたび	8月28日
消防士	8月31日	[illegible]	マキコは泣いた	8月25日
ス	8月20日	[illegible]	わたしの出会った子どもたち	8月26日
エットで	8月28日	[illegible]	夏のダイヤモンド	8月31日
ト	8月19日	[illegible]	すて犬シェパードの涙	8月28日
とりすぎ	8月29日	[illegible]	花のお祭り少年団	8月29日
出	8月28日	[illegible]	ブラックウッド館の謎	8月31日
のわな	8月24日	[illegible]	誘拐はコーヒーの香り	8月29日
	8月29日	[illegible]	子どもの勝利	8月28日
ラジオ	8月29日	[illegible]	セーラー服とききかんじゅう	8月31日
ぼう	8月28日	[illegible]	わたしの出会った子どもたち	8月29日
騎士	8月27日	[illegible]	海になみだはいらない	8月31日
涙	8月31日	[illegible]	真夜中のアリス	8月31日
言葉	8月29日	[illegible]	鏡の国のアリス	8月30日
他 4冊	8月8日	[illegible]	宿題ひきうけ株式会社	8月26日
他 2冊	8月初め	[illegible]	謎いっぱいのアリス	8月31日

通

夏休みもあと数日というころに、毎日、ハガキがドサッと届きました。
連日、ごくろうさまでした、ゆうびん配達のおじさん！
風のように読みとばしているみんなの姿が、目にうかびました。

太陽の子

NO.210
1988.9.5
[redacted]小6年
学級だより

読

	本の題名	はがきの日付		本の題
[redacted]	うさぎの眼	8月30日	[redacted]	赤毛の
[redacted]	海に涙はいらない	8月30日	[redacted]	兎の眼
[redacted]	月の輪グマ	8月30日	[redacted]	クラスメイトに
[redacted]	赤毛のアン	8月27日	[redacted]	野ねずみハー
[redacted]	猫街ふあんたじい	8月28日	[redacted]	町をよごさ
[redacted]	わたしのママへ…さやか10才の日記	8月19日	[redacted]	犯人追跡は
[redacted]	吉四六さん	8月29日	[redacted]	ワルのポケ
[redacted]	兎の眼	8月22日	[redacted]	はらぺこ王さま
[redacted]	黄色い髪	8月19日	[redacted]	我利馬の
[redacted]	朝はだんだん見えてくる	8月27日	[redacted]	ヴァージンロード
[redacted]	ハッピーエンドはジョーカのわな	8月30日	[redacted]	うさぎの
[redacted]	赤毛のアン	8月30日	[redacted]	ドラゴンのお
[redacted]	窓ぎわのトットちゃん	8月27日	[redacted]	星からきた大
[redacted]	ねむの木の子どもたち	8月18日	[redacted]	悪の
[redacted]	ぼんぼん	8月25日	[redacted]	すて犬シェパード
[redacted]	最後の授業	8月25日	[redacted]	12才の
[redacted]	不思議な国のアリス	8月29日	[redacted]	白いオウム
[redacted]	殺人占いはジャックのわな	8月31日	[redacted]	広海くん

夏休みの総計 96

夏休みといえば、県内最大の書店「紀伊国屋書店」までの旅行も思い出される。電車とバスを乗り継いで、一時間半かけて全員で出かけた。班ごとに時計を持たせ、時間を決めて、「自分の本を一冊、自分で選択して購入する」という読書生活指導を、クラス旅行という形で演出した。クラス全員で二回実施したほか、夏休みや冬休みには、数人ずつ見学に連れて行った。

誕生日に、私のサインした本をプレゼントする演出も行った（これはその後、受け持っていた子どもたちにも継続して行ってきた）。サイン入りの特別の本ということで、いままでに読んだ中で最も感動した本を選択させた。この年は、ほとんどの子どもが『太陽の子』『兎の眼』を選択している。

「太陽文庫」には、その後、椋鳩十・宮沢賢治・高木敏子・おおえひで・壷井栄、さらには川端康成・志賀直哉等、さまざまな本が入っていった。

二学期には、手塚治虫の部も設けられ、最終的に二百冊ほどの文庫となった。

読むことがおもしろいという体験をした子どもは、自分からどんどん手を伸ばして次の本、次の本と読み進めていき、読書好きな子どもになっていく。

ところが、蔵書が増えるにしたがって、問題も起き始めた。誰が借りているのか、いつ借りたのかが不明になったり、本の乱暴な取り扱いのため、傷みが目立ったりしてきた。

本の管理が問題となり、学級会で討議され、係活動の一つとして「太陽文庫係」が新しく設置された。一覧表がつくられ、「太陽文庫」への親の参加が活発になっていく。

親の借り出しも増え、親専用のカードが作成されるようになる。

一年間の実践を通して、親たちの協力が支えとなる。多数の激励と理解の手紙が届いた。

秋

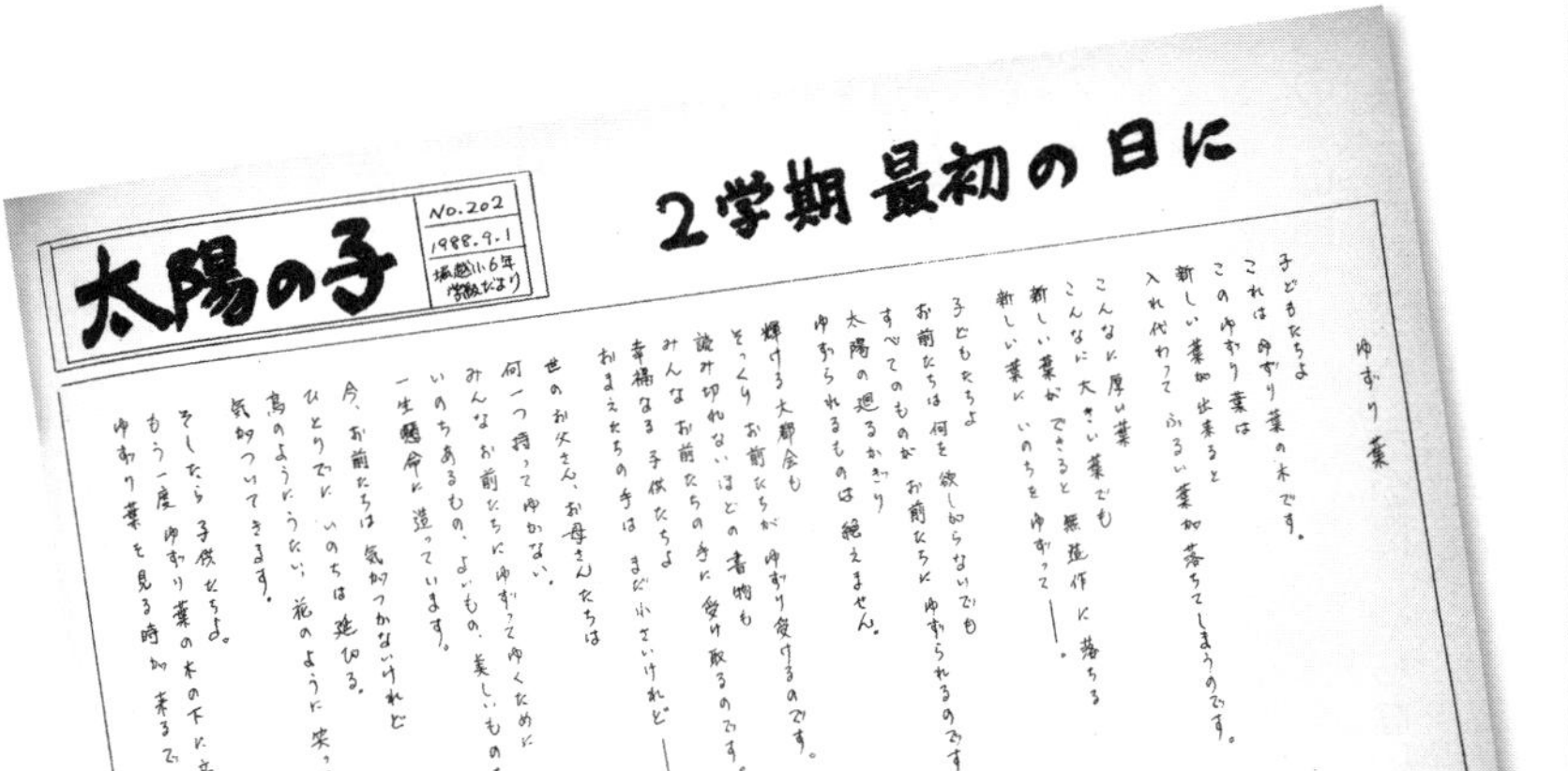

太陽の子

No.202
1988.9.1
堀越小6年
学級だより

2学期最初の日に

ゆずり葉

子どもたちよ
これは ゆずり葉の木です。
このゆずり葉は
新しい葉が出来ると
入れ代わって ふるい葉が落ちてしまうのです。

こんなに厚い葉
こんなに大きい葉でも
新しい葉ができると 無造作に落ちる
新しい葉に いのちをゆずって——。

子どもたちよ
お前たちは何を欲しがらないでも
すべてのものが お前たちにゆずられるのです。
太陽の廻るかぎり
ゆずられるものは 絶えません。

輝ける大都会も
そっくり お前たちが ゆずり受けるのです。
読み切れないほどの書物も
みんな お前たちの手に 受け取るのです。
幸福なる子供たちよ
おまえたちの手は まだ小さいけれど——。

世のお父さん、お母さんたちは
何一つ持って ゆかない。
みんな お前たちに ゆずってゆくために
いのちあるもの、よいもの、美しいものを
一生懸命に 造っています。

今、お前たちは 気が付かないけれど
ひとりでに いのちは 延びる。
鳥のように うたい、花のように 笑っている間に
気が付いてきます。

そしたら 子供たちよ。
もう一度 ゆずり葉の木の下に立って
ゆずり葉を見る時が 来るでしょう。

河井 酔名

今、できうる限りのものを あなたたちに与えます
精一杯、受け取りなさい、35人の太陽《てだ》の子《ふぁ》たち

太陽の子　No.214　てだのふあ二〇〇号特集　（一九八八年九月八日）

「太陽の子」も今日で、二一〇号をこえました。

私たちは、毎日のように、「てだのふあ」に目を通してきました。それもあきずに。先生の気持ちが、あんなにたくさんむずかしい言葉や漢字で表れているのに、自分でも不思議です。

みんなの詩、日記。今日あった出来事。先生の気持ち。

あんなにぎっしり書かれてあるのに、私だけかもしれないけど、わくわくしながら読んでいます。

その人になりきって読んでいると、なんだか、みんなの心にとけこめたようで、うれしいんです。

そんなふうだから、「てだのふあ」がない日は、なんだかさみしくてしかたがありません。

「てだのふあ」に日記や詩がのると、はずかしくてしかたがなかったけど、でも本当は、とてもうれしかったんです。

自分の気持ちがみんなにわかってもらえる、そう思ったんです。

私って、自分の気持ちを表現するのがへたなんです。だから、みんなに読んでもらえたかなあって思うとうれしくて……。

「てだのふあ」大好きです。


太陽の子二〇〇号をこした日は、ほんのこの前。

二〇〇号で一号からの太陽の子をまとめると言っていたのに、やらないのかなあと思っています。

私は、まとまった一さつの太陽の子を初めから読みたいと思うのに。

二〇〇枚をいっぺんに読むのはきついけど。でも読みたい。

この二〇〇枚は、みんな先生の字と文。その字と文は、みんな私たち太陽の子たちが書かせた。太陽の子、私たちが六年生であるかぎり、先生の教え子であれば「太陽の子」は、続くでしょう。

そして、みんなが太陽の子になれなければなれるまで、この目標は続くでしょう。

先生に「太陽の子」を書かせます。私たち三十五人の手で。

太陽の子　No.216　てだのふあ二〇〇号特集PART2　（一九八八年九月八日）

だいたい毎日来るてだのふあ「太陽の子」と、ぼくの家族の関係が深まっています。

一番先に「見せてくれ」というのが、お母さんです。

仕事から帰ってくると、「たー。てだのふあ見してー。」と言います。

だから、ぼくは、ランドセルからとり出して見せます。

見せていると喜んで、ときどき、一人で笑ったりすることがあります。

てだのふあ一号目から、お母さんは読みのがしたことがありません。

ときどき、ぼくがわすれて見せなかったりすると、すごくおこって、きげんがわるくなる。

先生がたまたま出さないときは、「しょうがない。」と言ってくれるが、ぼくが、たまたま出さないもんだから、あやしがるときもあってこまる。

先生もたいへんだと思うけど、なるべく毎日、いや毎日出してくださいね。

今は、二〇〇号ちょっとです。

目標をどんどんのばして、四〇〇・五〇〇号ぐらい出してくださいね。

出さないと、ぼくが、〝こまっちゃうからね。〟

てだのふあは、ぼくたちの学級だよりです。

ぼくの家族は、このてだのふあで、先生の心の中を知ってきています。もちろんぼくもそうです。てだのふあは、先生のことだけでなく、勉強のこともいろいろ書いてあるので、ぼくの家の人も、クラスのいいところ、悪いところを知ることもできます。

だから、ぼくの家で、一番、てだのふあを読んでくれる、お父さんとお母さんは、てだのふあを読むと必ず、ぼくに、その日に書いてあったことを聞きます。

それから、太陽の親の書いたこともてだのふあにのるので、ぼくたちも、自分の親のことが知れるので、とてもいい学級だよりだと思います。

それがもう二〇〇号をすぎました。その中には、ぼくのことも書いてありました。詩の特集やいじめ、日記。ぼくは、文が下手だから、がんばっていい文を書いて、てだのふあにのせてもらいたい。


ついに二〇〇号。二〇〇枚です。五カ月の間で。日記、詩、先生がみた私たちのこと。てだのふあは、そういうものからできている。一枚一枚に私たちの思いが入っていて、先生の思い、願いが入っている。

てだのふあ、初めて聞く人はわからない。私たちがそうだった。五〇号で教えてもらい、やっとわかった。自分とてだのふあ「太陽の子」をくらべたことがあった。何度か。

自分は、負けてばかりだった。このことで、大きな人間にはまだまだ遠いって思った。

私は、てだのふあの枚数がふえていくほど、てだのふあが大きくなるんじゃないか、って思える。

だから、てだのふあといっしょにがんばろうって思う。

太陽の子　No.218　てだのふあ二〇〇号特集PART4　（一九八八年九月九日）

てだのふあ、なんと二〇〇号行きました。すごい。

今まで、一枚一枚読んできましたが、一日の日記のような感じです。

この前、てだのふあの整理をしていたときに、急に読みたくなって読んでみました。

一日一日のことが書いてあるので、この日は、こんなことがあったのかあ、なんて思い出したりしていました。

みんなの日記ものったりして、そのときのみんなの気持ちなんかもわかったりして。

大人になって、てだのふあを見るということができて楽しいな。

一日一日をもどることはできないから、てだのふあで、一日一日をのこしておきたい。

一生の宝物になるようにのこしておきたい。

だから、これから卒業するまで、毎日のようにてだのふあを書いてください。

カメっ子たちのように思い出に帰れるように。

忘れないように。


てだのふあが二〇〇号をこえました。

一学期は一〇〇日もないのに、てだのふあは二〇〇号をこえて、すごいと思います。

私は、毎日てだのふあを読むのが楽しみでした。

クラスのこと、先生のこと、その日の内容がどれであっても私は先生のことが少しずつわかっていくような気がします。

一学期に太陽の子を読んで感動しました。

私もふうちゃんみたいになりたいと思いました。

先生も、私たちにふうちゃんみたいなってほしくて、この名前をつけたんだと思います。

でも、私はまだふうちゃんみたいな子ではないと思います。

すなおじゃありません。うそをついて自分の欠点をかくしています。

ふうちゃんみたいにはやくなって、卒業するまでに先生をこえて、太陽の子になりたいと思います。

太陽の子　No.224　太陽文庫《てだぶんこ》だより（一九八八年九月十八日）

今日、また先生から本を借りてきました。

昨日は、『ブラック・ジャック』、今日は、『ヒット・エンド・ラン』というマンガです。

昨日、借りてきた『ブラック・ジャック』という本は、お医者さんの話でした。

とても、おもしろかったです
今日は、日記を書いて、先生の本『子どもの隣り』《灰谷健次郎》を読んで、それからマンガを読むつもりです。そう、早く読みたい!　体がムズムズしてきたよう。

家にも、〝読み出したら　やめられない〟ような本がたくさんあるよ!

今度、貸してあげるね。それから、家にある『ポーの一族』っていうお話、あれもおもしろいね。最初、「こわいのかなあ。」とか思っていたけど、ちがっちゃった。とにかく、早く読みたいよ〜!

春の家庭訪問のとき、おじゃました何軒かのお宅で、マンガ本が本棚に並んでいるのを見て、ドキドキしたおぼえがあります。それも、ワタシの好きな本ばかり。

「マンガは、〝芸術〟の一つである。」と、ワタシは信じているのであります。

自慢ではありませんが、マンガについては、少しうるさい。月に必ず買う雑誌は、十三冊ですが、そのうち四冊はマンガです。「ビッグコミック」と「ビッグコミック　オリジナル」。この本は、ワタシの十九歳のときから三十一歳の今日まで、十数年間、ほとんど欠かさず読み続けています。

単行本の数も、相当です。今、この「てだのふあ」を書いている部屋の壁は、本でうめられていますが、そのうち一つの本棚は、マンガの単行本がつまっています。五〇〇冊近くはあるでしょう。これらは、選ばれて本棚に入っている、エライ本たちで、落ちこぼれた本たちは、二階の部屋で眠っています。そこにも、何百冊かあります。

選ばれた本たちは、もう何度も何度も読み返されてきたものばかりです。

マンガは〝芸術の一つ〟です。すばらしいマンガは、ときとして、人の人生までも変えます。決しておおげさでなく。たとえば、手塚治虫の『火の鳥』未来編。白土三平の『カムイ伝』。どちらも、二十歳をすぎて、出会い直し、ショックを受けました。ちばてつやの『あしたのジョー』、弘兼憲史の『人間交差点』、永島慎二の『フーテン』、竹宮恵子の『地球へ』、手塚治虫の全作品…など。マンガを一緒に語れる人は、それだけで仲間になれる。信じられる。

一般に、教育を語るとき、マンガはイジメられがちです。

「ウチの子はマンガばかり見て、ちっとも勉強しない。」

「もっと物語を読んでくれたら…。マンガ？　あんなもの読ませません。」

マンガは、すばらしいマンガは、読むものに生きることのすばらしさを伝えます。人間っていいなと、生きているってステキだなと、ささやいてくれます。ホントです。本棚のマンガ本たちが、そう言っています。

太陽の子　No.225　太陽文庫《てだぶんこ》だより　その二　（一九八八年九月十八日）

現在、〝太陽文庫〟におさめられているマンガ本は、次の通りです。

手塚治虫　『火の鳥』全十一巻
小山ゆう　『おれは直角』一～五巻
いがらしゆみこ　『キャンディ・キャンディ』一～八巻
庄司陽子　『生徒諸君』一～五巻
手塚治虫　『ブラック・ジャック』一～八巻
あや秀夫　『ヒット・エンド・ラン』一～五巻
竹宮恵子　『地球へ』全三巻

今日、先生から、私がつい最近、借りたいと思っていた本を借りました。名前は、『おれは直角』。H和君も借りたいと言ったので、じゃんけんをしました。そしたら、私が勝てたんです。ヤッタネ！

『おれは直角』という題は、どんな意味でつけられた題なのかは、わかりません。だから、なおさら、本の中身は、どんなことが書いてあるかは、とうていわかりっこありません。だから、私は、早く読みたくて、読みたくて仕方がないのです。

でも、本は本でも〝マンガ本〟ですから、先生の言った通り、本を読む前に必ずやらなければいけない約束があります。それは、日記と他のことを絶対にやるということです。

だから私は今、日記を書き終わったら、読書と計算練習をやり、それからマンガ本を読もうと思っています。

小学校に入ってから、本を少しずつ読みはじめてきたけど、学校から借りる本で、マンガなんかありませんでした。（だいいちマンガ本は、学校に置いてありませんでしたけど。）

マンガ本を貸してくれる先生は、二瓶先生が初めてです。だから今、とてもうれしいです。お母さんにマンガ本を見せたら、「昭和四十九年に発行したんだから、ずいぶん前の本だね。」と、言いました。ずいぶん前の本だから、カバーなども少し切れていたので、セロテープではっておきました。

この本は、カメっ子たちにも貸したと言っていましたよね。カメっ子たちも、むちゅうになって読んだのを想像しています。

日記も読書も計算練習も全部やり終えたら、きっと私もむちゅうになって、マンガ本を読むでしょう。

太陽文庫　貸し出しのきまり　―マンガの部―

一．学校では、絶対に読まない。《学校統一のきまりです。》

二．読むときは、必ず三十分以上の自主学習のあと。

三．もし切れているページがあったら、すぐテープ等で、自分で直す。

四．貸し出し日を、三の倍数の日とする。

――十六日の新刊　『はいからさんが通る』

『はだしのゲン』

おうちの方も、ぜひ！

太陽の子　No.232　思春期前期　（一九八八年九月二十二日）

死んでみたいと思ったことありますか

先生、あのね、私ね、「死にたい、死んでみたい」って思ったこと、あるんです。
悲しいことがあったとき、苦しいことがあったときなどではありません。
なぜか、ぼお〜っとしているときに思いました。
なぜか、ふと思ったのです。
死んだらどこに行くのかなとか、天国地獄ってあるのかなと、本気で考えました。
どんな死に方が一番、らくだろうとか。
でも、今はそんな気持ち　ありません。
なによりも、今は楽しいことがいっぱいあるから。

てだのふあたち、三十五人。
小学校六年生、十二歳にみんななる。
彼らの日記につづられる十二歳の心。
彼らを大人より劣った存在と、とらえることはできません。
おそらく世の多くの大人たちより、彼らは必死に〝今〟を生きています。
彼ら十二歳。

太陽の子　No.238　太陽塾《てだじゅく》再開

（一九八八年九月二十八日）

大切な、ワタシのてだのふあたちへ。
さっき、七月十四日の〝太陽の子〟を読みました。No.181「太陽塾開始宣言」

自分をあきらめないこと。
ダメな子なんて絶対いない。
一生懸命やって、できないことなんて、この世の中、そんなに多くない。
自分の可能性を信じなさい。
そのために太陽塾はある。
七月十三日、太陽塾開始！

けれど、太陽塾は続きませんでした。つぶれてしまいました。
みんなが悪いのではなく、私自身の怠慢のせいで。

はずかしいことです。
みんなに対してはずかしいことです。
口では、どんなカッコイイことでも言える、どんな立派なことでも言える。
しかし、実行することはむずかしい。
やり始め、やり続けることは、むずかしい。

今、十一時を少し回ったところです。

八時ごろ、中学生の男の子から、電話がありました。今、中学二年生。

去年、数学が全くわからず、授業についていけなくなりました。

そのとき、彼は父親に泣きながら頼んだそうです。「誰かから教えてもらいたい。」

それで、私のところへ来ました。

その子に会い、本気であることを知り、しばらく通うように言いました。

その子は、〝雨の日も雪の日も〟通い続けました。

何カ月かして、彼に言いました。

「あとは自分でやれ。わからなくなったら、学校の先生に聞け。そのために先生はいて、学校はある。」

そして、問題集をあげました。〝これを終えたら、来い〟と。〝何カ月かかってもいいから〟と。

明日、来るそうです。自分でやったノートを持って。


〝勉強は、自分でやるしかない。自分からやらずして、何も残らない。

もし、わからなかったら、先生に聞け。そのために先生はいる。学校はある。〟

塾が乱立している。わからない子どもたちを、親がお金をはらって塾へやる。

学校とは何か？　教師とは何か？

はずかしながら、太陽塾《てだじゅく》を再開します。

今週の月曜から始めました。夕方五時過ぎから、六時半ごろまで。

六時近くになると、外はまっ暗です。私の車で家まで、しっかりととどけます。

今日二十八日。五人のてだのふあたちは、必死に算数の勉強を続けていました。

三階の窓の外は、何も見えない夜のやみ。けれど、五人の顔は明るかったです。

太陽の子　No.240　認めます（一九八八年九月二十九日）

今日二十九日の昼休み、代表委員会にて。

児童会の会議。六年生からは総務委員、学級代表、たてわり班長たちが出席していました。他に三年生以上の学級代表が集まっています。

始まってしばらくして、私も参加して、スミの席で見ていました。

司会は、児童会長のK司。

K司が発言を求めます。

今まで、いろいろな機会に、学級以外の集団の中にいる、ただのふあたちを見てきました。

残念ながら、学級を離れた場での彼らを、私は今まで認めませんでした。

小さくなってしまい、下を向く。いつも、まだダメだと、タメ息をついてきました。

なれた集団の中では、自分を出せる、けれど、メンバーが違うと自分を殺す。本当の力とは言えません。

今日、K司は立派でした。堂々と自分を出していました。

そして、AとU、自分の意見を人に伝えるためにはっきりと述べていました。

Aは、単なるお調子者を卒業し、確かなリーダーの一人に育ちつつあります。もちろん、まだまだ、これから学ぶことはたくさんありますが。

それから、Uも、自分というものをしっかりもち始めています。

会議が進んで、担当の先生が、六年生だけでなく五年生以下にも発言するようにうながしました。

ところが、K司はナマイキなことに、こう言いました。

「手を挙げていない人にこっちから声をかけるのはイヤなので、自分から進んで手を挙げてください。」

実にナマイキなことに。それも、はっきりとした口調で。

K司、今まで、名前だけの児童会長だと、おこったことがありました。

けれど、今日、初めてほめることにします。

〝あなたは、大きくなりました。あなたを認めます。〟


てだのふあたちへ。

みんなは、すてきな子どもたちです。欠点もありますが、長所もたくさんある。


初めて伝えますが、みんなのことをほめる大人たちが何人もいます。

ある先生が言いました。

「今の六年生みたいな、子どもたちに育てたい。」と。

笑って、ごまかしながら聞いていました。でも、内心はうれしかった。

みんなは、すてきな子どもたちです。


けれど、まだ　まだ　まだ　まだ　まだ　まだ　まだ、です。

一人ひとりがこえなければならない壁があります。

そろそろ、今日二十九日が終わります。

明日、九月三十日。六年〝てだのふあたち〟が始まって、ちょうど半年。

太陽の子　No.243　日記帳　三冊目に　（一九八八年十月一日）

四月四日から書き始めてきた日記帳。

毎日毎日、しっかり書き続けたてだのふあたちは、二冊目の日記帳を終え、今、三冊目、四冊目に入っています。


先生へ。


私、今、言いたいことがたくさんあります。

まず、学校が楽しいです。

班長になったこと、先生が私たちの先生でいてくれること。

太陽の子があってくれること。六年生だっていうこと。

総務委員だってことと陸上練習でしごかれていること。

A君がいてくれること、S栄ちゃんがいてくれること。

みんながいてくれること。

なぜかこんな気になります。みんな大変だけど、うれしくって楽しいんです。

今日の私、ちょっとおかしいんです。きっと火の鳥の光をあびたせえですよ。へっへっ。

それはともかく。私の誕生日が来月にせまってきました。

そこで、今のうちに予約しとこうと思って。

私、『太陽の子』がほしいです。

実は、早く読みたいとかなんとか言って、まだ手にとってもいないんです。

だから、家でじっくり読むことにしました。

私、今、すごくうかれてしまっています。読書だけでもうれしいのに、そこに『火の鳥』なんていうマンガも出てきたからです。

興奮して、今夜、ねむれないかもしれないです。


ある女の子の日記です。

信じがたいことに、このような内容で、このような表現で、おそろしくていねいな字で、毎日のように書き続けているのです。

信じがたい力です。


この子は、これからどんどん成長していきます。

この日記帳をいつか広げてみることがありましょう。

そのときがどんなときかはわかりません。

もし、つらく悲しく落ち込んでいるときであったなら、この日記帳を開くことによって、必ずささやかな勇気がわいてくるにちがいありません。

この子の日記は、まさに十二歳の心の記録に他なりません。


卒業式のあと、この一年間書き続けた日記帳をそれぞれに製本する予定です。

それと、一年間の「太陽の子」の製本したもの。

二つを別れの日に持たせてやるつもりです。

太陽の子 No.246 友へ… （一九八八年十月三日）

今日

今日、
Tちゃんの命日だね。
一年に一回しか行けないけど
元気にしてる？
明日からは、もう行けないけど、
またいつか　絶対に　行くからね。

今日、三日の朝、学校へ着き、教務室へ行くと、M田先生がいらっしゃった。
N沢さんのおうちの方からお電話があったとのこと。
九月の二十九日。
朝、日記帳を開くと、何人かの子が書いていました。
「今日は…。」
放課後のバスケットの練習を四時半で切り上げました。
明るいうちに。

てだのふあたちに話しました。
「みんなの気持ちは、とっても喜んでもらえると思う。
けれど、みんなが会いに行くことで、おうちの人が悲しい思いをすることもある。
みんなの大きくなった姿を見て。
そのことも心の中において、会いに行くように。きっと喜んでくださる。」

その日の太陽塾を六時からにしました。
六時すぎて、K志がやってきました。
N沢さんのところへ行ってきて、おくれたと。

私の教務室の机の中に、一度も会ったことのない男の子の名前のゴム印があります。

M田先生が、今朝おっしゃいました。
N沢さんからの伝言。
〝Tちゃん〞のお墓、花でいっぱいにうまったと。
子どもたちに、ありがとうと伝えてくださいと。

もし、天国があるなら、きっと、てだのふあたちの思いは通じたでしょう。
いえ、きっと、天国はあります。
やすらかに。

太陽の子 No.247 詩集（一九八八年十月四日）

先生

なんでも　してくれる先生。
泣いても　笑っても
なんでも　してくれる先生。
おこるたびに
先生も　私たちも　小さくなるけど
すごく　強く　心に残る　先生の言葉。

言葉だったら　なんでも　言える
かっこいいことも。

でも　先生をみとめます。
初めてのときは　あまりよく
わからなかったけど
でも　先生を　みとめます。

先生は　私たちをよく見ている。
私たちは　先生をよく見ている。

太陽の子
No.319
1988.11.19
学級だより

詩集

ぬけてるなあ

何か　ぬけてるんだよなあ。
だれか　一人　休んでいると
何かが　ないんだよなあ。
35人の中で　一人でも　いなくなると
何か　きまらないんだよなあ。
太陽の子じゃ　なくなるんだよなあ。
やっぱり　35人　そろった方が　いいなあ。

高橋繁

女

女って
なんで　自分を
正直に出せないんだろう。
いつも家で　やってることを
そのまま　学校で出せばいいのに。
だから　男子に
ブリっ子と　言われると思う。

高橋重至

今

はっきり言って　ねむい。
ベッドに入ると
ますます　ねむくなってきた。
今は、勉強のことや　遊びのこと
そして　時も　忘れて
好きなだけ　眠りたい。

皆川昭

時

もう　六年生も　半分　終わった。
車が　走るように
飛行機が　飛ぶように
そして
光が　進むように　パッと。
あと　半年。
ありが　歩くように
カメが　動くように
そして
雲が　流れるように。
あと　半年、ゆっくりと　終わってほしい。

斎藤健司

秋－その3－

楽しいことも　悲しいことも
みんな　みんな　いっしょだから
なんでも　こいこい。

先生と　別れたくない。
みんなと　別れたくない。
なんて　言っていいか　わからないけれど、

これからも　いっしょに　いてください。

久しぶりに、てだのふあたちの詩を載せます。夏以降、彼らの書いてきた詩を、ノートから。

読んでいて、たまらない気持ちになります。
よく一人きりになると、彼らの顔を思いうかべることがあります。
口を開けて笑う顔、下を向いてじっと考えこむ顔、涙をうかべて、ゆがめる顔…。
次から次へと、その瞬間の顔が、ちょうど、スライド写真のように。

今、確かに彼らは私の教え子だと、はっきり思います。
私には、見えるのです。本当に見えるのです。
一人で、鉛筆をにぎり、ノートを開き、詩を書く、てだのふあたちの顔が。

太陽の子　No.257　いつか（一九八八年十月五日）

今日、五時から、さっそくてだじゅくをやった。ぼくは考えてみると、今まではやる気がほとんどなかったけど、てだじゅくを始めてから、楽しみになった。

ぼくは、てだじゅくはつまらないと思っていたけど、一回やって、「楽しかったー。」と思った。明日やるときは、もっと楽しく、勉強できるようにしたい。てだじゅくは楽しい。

日記　Y一郎

太陽塾が再開して、今日で十日になります。

おとといは、新発田で若い先生方の集まりがあったので、五時半までのほんの三十分間だけ。

昨日は、私用があったので、六時から七時まで。

今日は、バスケの練習が五時過ぎまでになってしまったため、五時四十五分から六時四十五分までの一時間。なかなか時間をとれませんが、なんとか、太陽塾は続いています。

昨日、太陽塾を終えて七時、火曜日だったので、町の体育館へ行ってみました。ミニバスの日です。K志がいました。まじめな顔をして練習をしていました。今日は太陽塾へ行けないと話していたのです。

今日は来ました。太陽塾の六人がそろいました。今日の太陽塾を終えて、車で六人を送ろうとすると、Mが防具をつけてやってきました。今夜は剣道の日。

Y一郎にみんなが言います。「おまえ、どうするんだ、今日の練習。」

Y一郎がみんなに言います。「だいじょうぶだって。行くって。」

疲れていることでしょう。一日の学校生活に追われ、バスケの練習をし、家へ帰ればそれぞれのこと、そして、家庭での学習。その中に太陽塾があるのですから。

今日も、てだじゅくがあった。先生がちょっといなかったけど、きのうのつづきをやっていた。ぼくは、先生が言った「いつかよくわかる日」というのを勉強してまっていたい。そういう日がくるまで、てだじゅくを休まないでいっしょうけんめいがんばりたい。

日記　Y一郎

太陽の子　No.258　太陽文庫だより（一九八八年十月五日）

小山ゆう　『おれは直角』

『おれは直角』感動しました。十四さつ目（最後）のてるまさをかばうっていうか、ひみつにして、直角が百たたきになって、てるまさが見てる（声を聞いてる）場面。

『おれは直角』で一度も泣いたことはなかったけど、十四さつ目のところで泣けてきた。泣けてくるので、本を見なかったりしたけど、思い出して、涙が、とまらなかった。とてもいい本だと思いました。

今度の本、泣けてくるかな。次の本、『はだしのゲン』か『ヒット・エンド・ラン』か『がんばれ元気』がいいな。早く読みたいです。早く貸し出しになればよい。あと二日のしんぼうです。とにかく早く。

本のやさしさを失うところだった

今日、ちょっと考えた。

私、マンガ本ばかり、目をとられて、マンガ本でない本を忘れたんじゃないかって。

それで、考えてしまった。今、私がマンガ本でない本、物語。『ガラスのうさぎ』を借りている。でも、やっぱりマンガ本に気を取られて、その本、無視しちゃったんじゃないかな。自分は、本のやさしさを失うところだった。ごめんね。明日からは、いえ、今日から、また本を読もう。もちろん、マンガ本も読むかもしれないけど、マンガ本ばかりじゃないようにもね。

それで、『ガラスのうさぎ』を読み終えた。けれどもう一回、最初から読み直すことにしました。U木さんのような気持ちを味わいたいから。だから最初からもう一度。

同じ気持ちになるまで、何度でも読むつもりです。

太陽の子　No.260　先生はとび箱のふみ台　（一九八八年十月六日）

先生は思ったことありませんか。

私は、今日気づきました。先生がとび箱のふみ台だってこと。

もちろん、ハッキリわかったことではなくて、私が思ったこと、考えたことなんです。

その内容はこんな感じです。

あー、もう秋だわね。秋って私が好きな季節なのに、なんかさびしいな。だって、あと半年で卒業だもの。そうすると、先生と別れなくっちゃー。

私たちは中学行って、高校行って、先生は別な学年の担任になって、また送り出して……。

でも、先生っておかしい。だって、私たちを送り出して次の学年の担任になって、また、さよならして。これじゃあ子どもたちに利用されているだけ。つまりとび箱のふみ台！　というわけです。

今まで気づかなかったです。

先生は私たちに利用されているから、まさにふみ台。（言い方が悪くてゴメンナサイ）それもいい面での。

《以下略》日記　十月五日

〝先生は、とび箱のふみ台。〟この日記を何度も読み返しました。夜になり、四回目を読みました。てだのふあたちは、教師としてのワタシの四代目の教え子です。

初めての教え子を卒業させるとき、最後の最後まで、卒業させるのをイヤがりました。卒業式の日、人前で、大人になって初めて、ボロボロと涙をこぼしました。はずかしさをこえて、涙とハナミズが流れ落ちるのを止められませんでした。彼らは今、高校二年生です。

この春、三代目の教え子と別れてきました。最後の離任式の日、教室でみんなで泣きました。彼らは、まだわずか九歳なのに、一緒に泣きました。ワンワンと大声で彼らは泣き続けました。彼らは今、四年生。

それぞれの教え子たちと、一緒にいる間、彼らがワタシのすべてだった気がします。この先、必ず出会う、次の子どもたちのことなど、想像もできませんでした。けれど、必ず、別れがあります。そして、必ず、出会いがあります。この春、てだのふあたち、三十五人に出会った。今、三十五人がすべてです。この子たちとも必ず別れがあることも、そして必ず次の出会いがあることも確かに知っているけど。来年の今夜、何をしているか、考えることもできません。

〝とび箱のふみ台〟。そんな教師になりたい、と思います。

大きく、高く、遠く、ワタシをふみ台としてとんでくれたら、これほど教師としての幸せがあろうか、と思います。とび箱のふみ台になりたい、です。いつか。

太陽の子　No.268　てだのふあたちの日々（一九八八年十月十五日）

Tちゃん

この前の太陽の子を読んだ。K美さんの作文を読んだ。Tちゃんのことがのっていた。

ぼくたち男子は、Tちゃんと野球やドッヂボールをいっしょにやっていた。

それだけ、Tちゃんは人気者だった。

Tちゃんがしんだ日、だいたい二年前。その日は、しんでないと信じるしかなかった。

それから二年たった。

そして、このまえ、ぼくたちはTちゃんのおはかへ行った。

ぼくは、K美さんの作文を読み、Tちゃんが生きていれば、三十六人、背もでっかいし、病気もなおっていたかもしれないと思った。

ぼくは、Tちゃんが大好きです。

太陽の子　No.272　太陽塾《てだじゅく》（一九八八年十月十七日）

今、太陽塾でやっているのは、小学校の算数のまとめです。算数の教科書の下巻を使っています。六年の後半の算数は、新しいことはほとんど出てきません。これまで、六年間、小学校で学んだ算数の復習が大部分です。今、じゅんじゅんに、やり直しをしています。

太陽塾の大きなねらいの一つは、自分から進んで学ぼうとする力をつけることです。

この力がある子は、これから先、ほっといても自力で伸びていきましょう。

自分から学ぶ力をもつために、基礎が身についていなければなりません。いくらやる気をもったとしても、基礎がわからなければ、そこでいきづまります。自分で学べないのです。

基礎を身につけること。そして、自力で伸びていく力をつけること。太陽塾は、それを願います。

三十五人のてだのふあたちに、来年の小学校生活はありません。自分の力で伸びていかなければならない中学校が待っています。彼らには、あと半年間しかありません。すなわち、彼らのセンセイである私にも。

今、私が彼らにできること、その一つが、太陽塾なのです。

いくつかの不安がありました。

その一つは、六人のメンバーたちが、特別視されることです。自分で、また周りから。

てだのふあたちに聞きました。

「太陽塾に参加したい人は、いるか?」

多くのものが手を挙げました。甘えは許されません。遊びではないのです。手を挙げた子たちに言いました。

「六時半まで、算数の基礎をやる。そのあと、先生は送っていかない。暗い道を走って帰らなければいけない。家の人に迎えに来てもらうなんていけない。うちの人に迷惑をかけるのなら、太陽塾の意味がない。走って帰る、それでも塾に入りたくて、それで、家の人がいいと言ったら、明日、言いなさい。」

翌日、なんと十五人が手を挙げる。その日の、A美の日記。

太陽じゅくに行きたいのです。新しく入れるということで、とても喜んでいます。でも、たぶんお母さんがゆるしてくれないと思います。だって、家が遠いから、あぶないと言って、きっとゆるしてくれないと思います。〈…〉

先生は、帰りは送らない、自力でがんばれと言いましたね。

私は、何もかも三日ぼうずだったので、自力で続けて行きたいのです。

自分に勝ちたいのです。

お母さんが、たぶんダメと言うかもしれません。

でも、私の気持ちは、かわりません。

十月十三日　A美

てだのふあたちの気持ちを知り、迷いました。もちろん、夜道を遠い家まで走らせる気は、全くありませんでした。走って帰る、それでも塾へ入りたい…。彼らに言いました。

「先生が車で送ります。七時頃になるけど、それでもいいなら、おうちの人ともう一回相談して決めなさい。」

そして、今日、十七日。十八人のてだのふあたちが太陽塾へ参加しました。

家の近いT文とYくんには、走って帰ってもらいました。あとの十六人は、車で送りました。けれど、また話すつもりです。話さなければなりません、つらいけど。

〝太陽塾〟は、ほんとに算数がわからなくて困っている人のためにある。

もし、この十八人の中で、自分の力で、やっていける人は、かんべんしてもらいたい。みんなが、本気で自分の気持ちだけで、学びたいということはよくわかった。その気持ちは、すばらしいことだ。みんなを認める。だけど、これだけいては、帰りを早く送ることができない。

太陽塾で学ぶ分、自分の力で学んでほしい。

もう一つ問題があります。彼らが通っている本物の塾のことです。金を払わなければいけない塾。そろばんに習字、ミニバス、ピアノ、剣道、少林寺、そして公文式。多い子は、三つの塾をかけもちしています。一週間のうち、ゆっくり家ですごせるのは何日もないはずです。

そして、太陽塾。最初のメンバーたちは、多くて週に一回でした。学習塾（本物の）に通っていた何人かも、太陽塾の開始とともに、やめました。もちろん、うちの人と話し合って。

太陽塾、そのものの存在さえ、私にとっては、さみしいのです。

できるなら、明日にでも、みんなを太陽塾から卒業させてやりたい。

〝みんなは、もうだいじょうぶだ。自分の力で、学んでいける。これ以上、この太陽塾で学ぶ必要はない。ここで学んできたと同じように、これからは一人で自分の力で学べ。長い間、ごくろうさま。太陽塾は、今日で、まくをおろします。〟

まだ、今日は、この言葉は、早すぎます。いつか、そんな明日が来ることを待っています。

いつか、そんな〝明日〟が来るために、明日、また太陽塾はあります。

一人でも、わかりたいと願うものがある限り、太陽塾は続きます。

太陽の子　No.280　太陽文庫だより　K織の『伊豆の踊子』（一九八八年十月二十日）

川端康成『伊豆の踊子』

太陽文庫から借りた『伊豆の踊子』を今、読んでいます。

ノーベル賞をとった作家の物語が、どんな話か知りたくて借りたけど、読んでみたらむずかしかった。

でも、おもしろいです。まだ、少ししか読んでないけど、全然たいくつしない本ですね。

ノーベル賞をとった人の本だから、むずかしいことはわかってたけど、こんなにおもしろいとは思いませんでした。

それに、この本は漢字に全部読み方がついていて、むずかしい言葉には意味も書いてあるので、読むときに苦労しません。もし、ついてなかったら、読めない字やわからない言葉がありすぎて、おもしろいと思わなかったかもしれません。本当に子どものためにつくられた本っていう感じがします。

先生がこの本を読んだのは高校生のときでしたね。私は、先生より早く読んだよ。

でも、私は、先生が教えてくれるまで知らなかったから、私が今、読んでいるのは、先生のおかげですね。

ノーベル賞をもらった人の物語だってことがわかったのも、先生が教えてくれたからです。

先生、ありがとう。この本があるってこと、教えてくれて。

この本の中身が少しでもわかるようにがんばって読みます。

主題とかを考えるのは、少しむずかしいけど、わかるようになりたいです。

日記　十月十五日　K織

太陽文庫に、一段、〝高度な本〟を入れました。

川端康成、志賀直哉、武者小路実篤、有島武郎、林芙美子などの小説。

てだのふあには、まだ、むずかしい本かもしれないと考えてはいましたが、K織はしっかりと川端康成を読んでいます。

以前、入れた本に干刈あがたの『黄色い髪』があります。

これも、朝日新聞に連載された、大人向けに書かれたものです。

子どもの日記を読む限りでは、KとS美は、深く読み込んでいます。

驚くべきことかもしれません。彼女らは、十二歳です。

すでに読書の範囲が、児童文学の域をこえているのです。

K織、K、S美に共通するのは、眼の深みです。

てだのふあたちの眼の奥を意識して見ることがあります。

三人の場合、いろんな心をたくさんつめこんでいる眼をしています。

中途半端なガキンコの眼ではありません。

ようく見ていると、必ず、ニヤッと笑って、目をほそめて、かくしてしまいますが。

本を読むことは、さまざまな自分以外の人の心を知ることです。

自分中心の、わがままな、ちっぽけな世界から、大きくて深い世界へと自分を連れ出すことです。三人は、今、確かに、大人になりつつあります。

兎の眼

「兎の眼」ってなんですか。どうして「兎の眼」なんですか。
「兎の眼」という題をつけて、あなたは何をつたえたいのですか。
だから　今日、もう一度、兎の眼を読み返します。
あなたに問いかけた問題を　すべて自分で解決できるように。
兎の眼がいつまでも私の心に残るように。
ずっとずっと先になってもかまいません。
兎の眼が私の心に残るように　今日から読み返します。

夏休みを終え、秋に入ると、子どもたちはさらに多くの本を読むようになった。

家庭でも読書の時間が増え、「もう寝る時間よ」と、肩を叩かれるまで気がつかないほど、その物語の世界に入り込んでいるという話も聞いた。子どもたちはその一年で、二百冊を超える学級文庫の中から、自分が興味をもった本を手に取り、感想を日記に書き続けた。

たくさんの本を読み、そしてその感想を書くことで、彼らは十二歳の自分を見つめ続けた。

私は、原則として読書感想文を書かせることはしない。「書く」ために「読む」ことは、読書意欲を減退させるからだ。

しかし、読書感想を書くことは奨励した。子どもたちは、課題としての読書感想文ではなく、日々の生活の記録として本の感想をつづっている。

読書感想を記した場合は、無条件にほめ、それらを「太陽の子」に載せ続けた。可能な限り、毎日時間を取って、クラス全員の前でたよりを読み続けた。

先生、今日は詩のノートだけど、『兎の眼』を読んで思ったことを書いてもいいですか。


今日、読んで思ったことは、うれしいってことです。

鉄三ちゃんが返事をするとき、「う」だったのが「ん」になったことです。

小谷先生も、それでうれしかったって書いてありました。

私もなんだかうれしかったです。なんだかわかんないけど、うれしかったです。

心がほっとしました。心があったかくなりました。

鉄三ちゃんは、小谷先生に会ってから、ぜったい変わったと思います。

今までなんにも話さなかったのに、話すようになりました。私はそのことがうれしいです。

鉄三ちゃんは、ぜったい成長しています。

それで、もう一つうれしかったのも鉄三ちゃんのことだけど、二四九ページからの「ぼくは心がずんとした」のところです。小谷先生の気持ちになりました。そして、うれしいのと心に何かささったようなのが、まざったみたいになりました。何回も何回もくり返し読みました。

鉄三ちゃんは、表には出さないけど、本当に小谷先生が好きだったんだと思いました。

私は、鉄三ちゃんが好きです。ぶあいそうなところが好きです。ぶあいそうだけど「キチ」をかわいがる鉄三ちゃんが好きです。

小谷先生が好きです。鉄三ちゃんと一緒にハエの研究をする小谷先生が好きです。クラスのみんなにやさしい小谷先生が好きです。

兎の眼にでてくる人をみんな好きになっていくみたいだなあと思いました。


―詩のノートより―

子どもたちにとって、友達の読みの感想は興味深く、自分の次の読書作品の選択の参考とすることが多い。学級だより「太陽の子」の発行は、そのための演出の役割も果たした。

一般に、高学年になると、子どもたちは自己を表出することを避けるようになってくる。人前で話すことを恥ずかしいと思ったり、授業で、わからないわけではないのに手を挙げない子どもが増えてきたりするのもこの時期だ。

事実、とくに女子は、四月当初、学級だよりに自分の文章を掲載されることを嫌がった。しかし、自分の書いた文章が紹介され、そして、必ずほめられると、子どもたちの肩の力が抜けていった。「何を書いても大丈夫」「どんなことを書いても傷つけられる心配はない」…そう感じると、表現も自ずと素直になっていく。「太陽の子」の掲載・発行の継続は、子どもたちの殻を溶かしていった。

自分たちの文学的感動体験を文章として、自由に表現することの喜びを、その継続の過程で体得していったと言える。

兎の眼——人間の美しさ——

「バクじいさん、あなたはどんな人間よりも美しいです。どんな人間よりも。」

人間とは、なぜ、こんなに汚いのだろう。

なぜ花や動物のように素直に生きていけないのだろう。なぜ。

人間は、誰でもときどき自分が見えなくなるときがあるよね。

私なんてしょっちゅう。イヤなことがあって、そのやり場が無くなったとき、どんな人にでもあたってしまう。でも、いつも美しい人間なんていないよね。

誰でも汚い心をもっている。

でも、汚い心をもっているから、美しくなれるんじゃないかな。

「バクじいさん、あなたは美しいです。

若い頃、あれほどのことがあったからこそ、美しいのです。」


―日記より―

戦争と平和

少し前まで『ガラスのうさぎ』を読んでいました。

私は、戦争というものを表ではわかったふりをしながら、本当は全然わかっていませんでした。戦争がそんなに悲惨なことか、文を読んだだけで、すぐわかる人なんていないでしょう。戦争中に生きた人でなければ。

私は、そんなことをわかりたくないと思いました。こんなふうに思ったのは、初めてです。


一言一言、高木さんが書いた言葉を読むだけで、涙があふれそうになりました。

弟や親の見ている前だったので、目の中にたまってくる涙をずっとがまんしていました。

私も、もっと強くならなければならない、高木さんのように。

正直言って、私はこの本を読み終えたとき(読んでる最中も)に、「戦争のときに生まれないで良かった」と思いました。泣きたくなるときも、高木さんに同情するよりも先に安心してしまいました。お兄さんたちが国のためとか言って家をでたときも「自分の命のほうが大事だ」と思ってしまいますね。

でも、この本を読んでいると、戦争中の日本のえらい人たちのことで、なっとくのいかないことがたくさんあるんです。人を殺して何が楽しいのか。殺された人たちは何も悪いことはしていない。国の命令にしたがって毎日毎日安心できずにくらして、結局、最後には殺されてしまう。そんなこと今では考えられません。

これから先、日本って国がある限り、ずっと平和でいたいです。もう一度、戦争を起こしたら、殺された人たちは、何のために死んだかわからないから。

もしも神様がいたら、この願いをぜったいにかなえてください。

―日記より―

ときどき時間を見つけては、太陽文庫の本の読み聞かせをした。谷川俊太郎の詩集に感動を覚え、その後詩集を読みあさった子がいた。

星野富弘を読み、詩画集を紹介したときに、何人かの子が涙をこぼした。

子どもの主体的な文学読書行為を支えるには指導者の演出が欠かせない。

灰谷健次郎作品はもとより、谷川俊太郎・星野富弘等との「太陽の子」を通しての出会いが、その後の子どもたちの文学読書生活に多くの影響を与えた。星野富弘関連の本は、すべて太陽文庫に入り、全員に読まれた。年度末に、編集された学校文集に掲載された作文を引用する。

私の出会った本たち

五月十日、六年の教室に太陽文庫が開設された。『太陽の子』、『兎の眼』、その他たくさんの本。この日、私は初めて灰谷健次郎さんに出会った。そして、感動というものを知った。『兎の眼』が、感動を教えてくれた初めての本だった。

それからどんどん新しい本が太陽文庫に入っていく。椋鳩十さん、宮沢賢治さんの本等も。

私たちの学級だより「太陽の子」一五三号の中で「本は人だ」という言葉が載っている。そのときの私には理解できない言葉だった。素通りの言葉。けれど、今、少しわかる。もっともっと大人になり、もっともっと多くの本に出会ったとき、今よりも本がなぜ、人なのかがわかるだろう。

七月、衝撃的な本に出会った。これもやはり、灰谷さんの本だった。『わたしの出会った子どもたち』という本。私はこの本に出会い、自分という人間がどれほどぐだらなく思えたか。どれほどちっぽけに見えたか。今、思う。この本に出会えてよかったって。自分を見つめ直すことができて。そして、この本にたくさんの感情をもった。怒り、淋しさ、やさしさ。自分でも驚くほどの感情だった。

今、太陽文庫は、たくさんの本でいっぱいになった。その中に『黄色い髪』という本がある。借りようとは思わなかったけれど、先生に勧められて読んでみた。

最初は何だこれ？みたいな感じだった。けれどそのうち、これを書いた干刈あがたさんの世界に引き込まれた。干刈さんは何かを教えている。けれど今の私にはわからない。二、三回読み直した。わかりかけているのに、はっきりしなくていらだちさえ感じた。でも、それでいいことにした。決してあきらめたわけではない。無理にわかろうとして引き出すのはいやだと思ったからだ。これから干刈あがたさんをもっと読もうと思う。

今、景山民夫さんの『遠い国から来たCOO』を読んでいる。これもむずかしい本で、たくさんの時間をかけ、一言一言を大切に読んでいる。（中略）

この十一カ月、いろんな本に出会った。そして本は教えてくれた。私に呼びかけてくれた。私はその呼びかけてくれる本を選んだ。小谷先生、鉄三、足立先生、ふうちゃん、夏実、洋助。これからも今まで出会った本たちより、もっと大きなものを求めて読んでいきたい。自分自身のために。そして、これまで出会った本たちのために。

冬

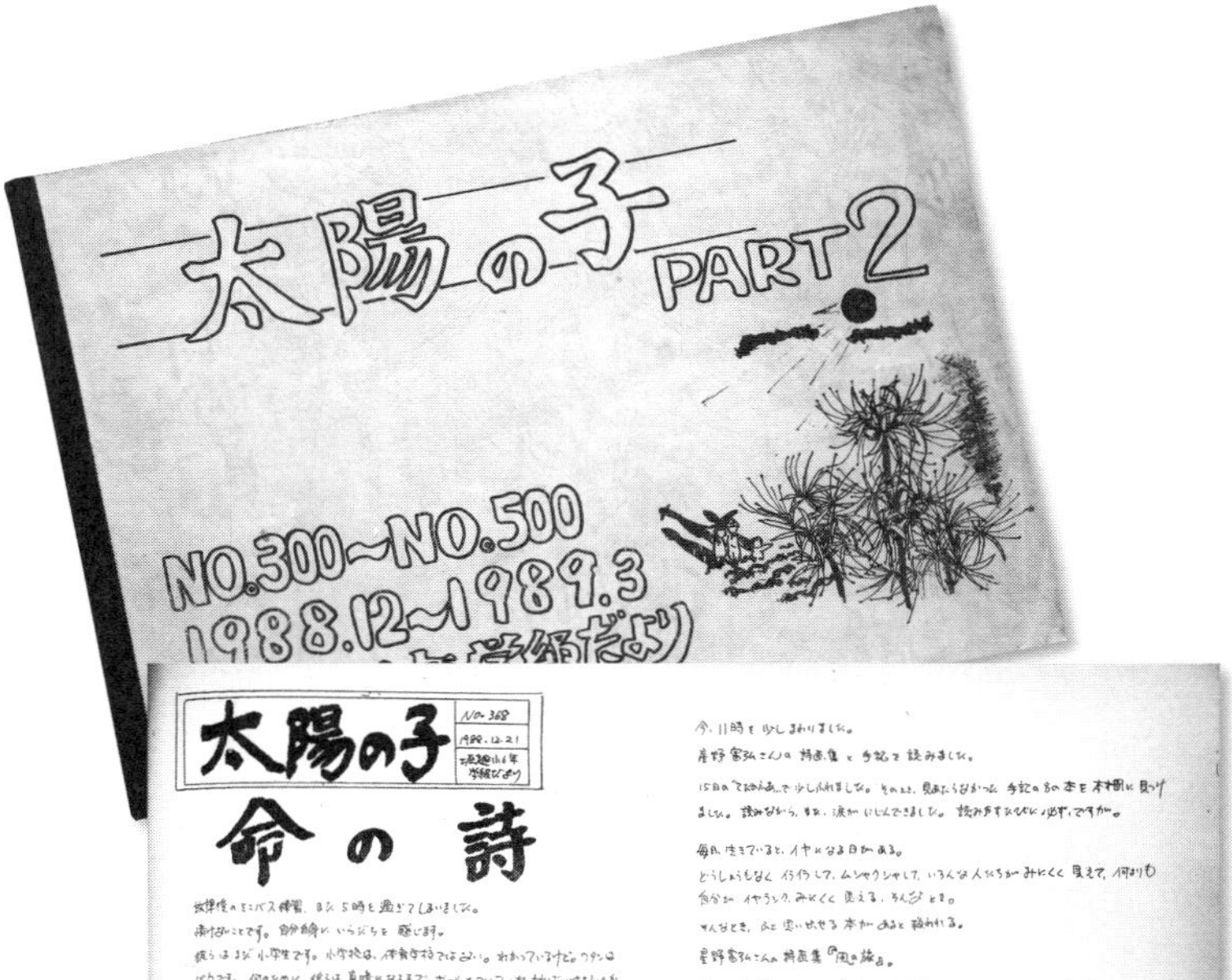
太陽の子 PART 2
NO.300~NO.500
1988.12~1989.3
太陽の子
NO.368
1988.12.21
命の詩
今、11時を少しまわりました。
毎日、生きていると、イヤになる日がある。
《No.369へつづく》

太陽の子　No.322　手紙　（一九八八年十一月二十三日）

今日、収穫祭がありました。初めての試みです。

始まる前に、話しました。

「全校の子どもたちが動く行事では、その成功か否かは六年生次第で決まる。六年生がしっかりと動けば、全体がしまったものになる。六年生がいい加減にしていると、全体がだらけたものになる。」

H和が、マイクを使って進行の役をしました。

K司が、開会のあいさつをしました。

AとM樹が、子ども銀行委員会として、発表しました。

Uが、収穫の喜びの作文を暗唱しました。

N生が、かかしの紹介をしました。

T憲が、閉会のあいさつをしました。

たてわりの班長として、二十人のてだのふあたちが世話役をしました。

立派に、六年生として、全校のリーダーをつとめたことを認めます。あなたたちは、確かに成長していました。

この収穫祭までの過程で、みんながやったこと。さつまいもの採り入れとふかし。キャベツと白菜を洗って、切って、漬ける。委員会での、さまざまな準備。そして、今日の当日。

初めての収穫祭で、みんなは、よく動いた。きっと、来年、第二回目の収穫祭が行われることでしょう。次の六年生が中心になって。

子どもたち全体が動く行事は、そのほとんどが終わりました。残るのは、二つです。

六年生を送る会、そして、卒業式。みんなが〝主役〟の行事です。それまでに、もっともっと力をつけましょう。そして、立派に自分たちの行事をつくり上げることを。

今日の収穫祭のとき、新体育館に並んだみんなを一人ひとり見た。どういうわけか、とってもステキに見えた。一人ひとりが、ステキに見えた。別にかわいらしくとか、そういう意味じゃない。男子がそう見えたら気持ちワルイ。

それぞれに欠点がある。その欠点を知っている。けれど、その欠点も全部、ひっくるめて、一人ひとりがとてもステキに見えた。それぞれが、自分の良さを先生に教えようとしているように見えた。どの子もみんな、カッコよく言えば、〝生きているんだ〟と言っているように見えた。


てだのふあたち。みんなが好きであります。

かつて、私の教え子たちをみんな、そう思えてきたときが、確かにありました。ずっとずっと、一緒にいたい。来年も、さ来年も、その次の年も、こいつらの先生でいたい。ずっと一緒にいたい。

また、一枚一枚、てだのふあを書きます。今日から、太陽塾も始めました。

日記帳にも返事を入れました。詩のノートも渡すつもりです。詩の暗唱も再開します。

詩集「てだのふあたち」にも向けて、動き出すつもりです。

確かな学力を身につけた子どもたちに
自分の弱さを知り、その弱さと闘っていける子どもたちに
人の悲しみ、さびしさを感じられる子どもたちに
常に　大きな強いものに挑戦していく子どもたちに

そんな子どもたちを　てだのふあたちに　夢見ています。旅立ちの日まで、今日であと四カ月。

太陽の子　No.325　詩集　てだのふあたち（一九八八年十一月二十四日）

本

今日、気づいた
本だなが　何か言っているように聞こえた。

「もっと　たくさん　本を　読んでよう
大切に　してよう」
と言っているのを聞いた。
気づいた
やっと気づいた
もとのぼくとちがうんだ
昔のぼくじゃないんだ
マンガ本ばっかり　読んでたときと　ちがうんだ
だから　今は　本を読み
すばらしい本とめぐりあうんだ

昔とちがうぼくを　本に見せて　やるんだ
だから　ぼくを　見ていて

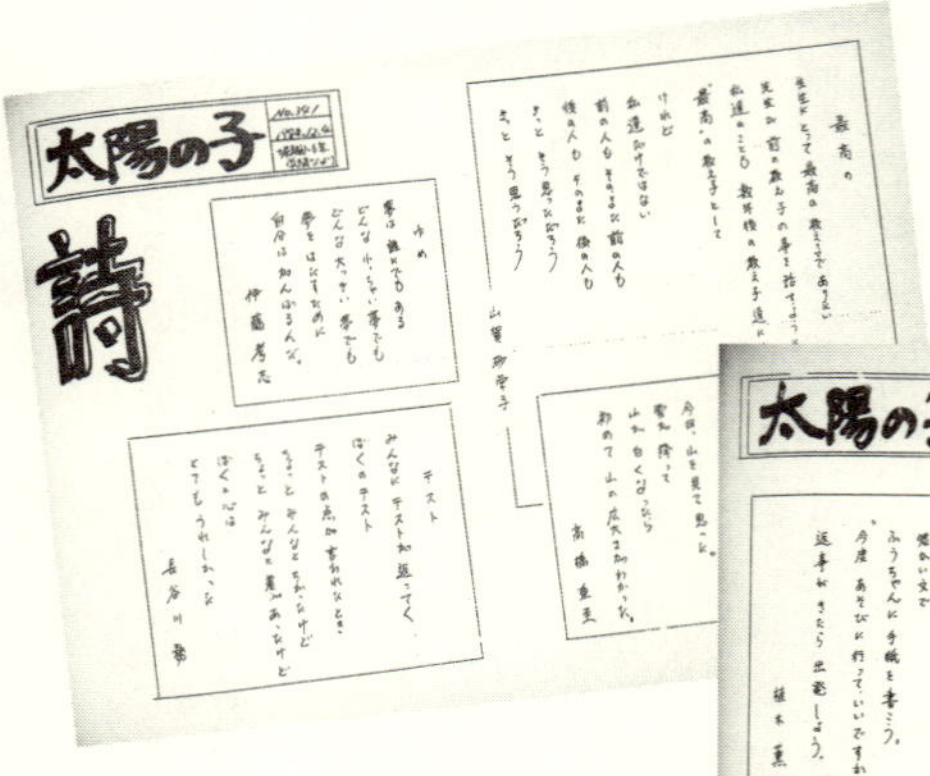

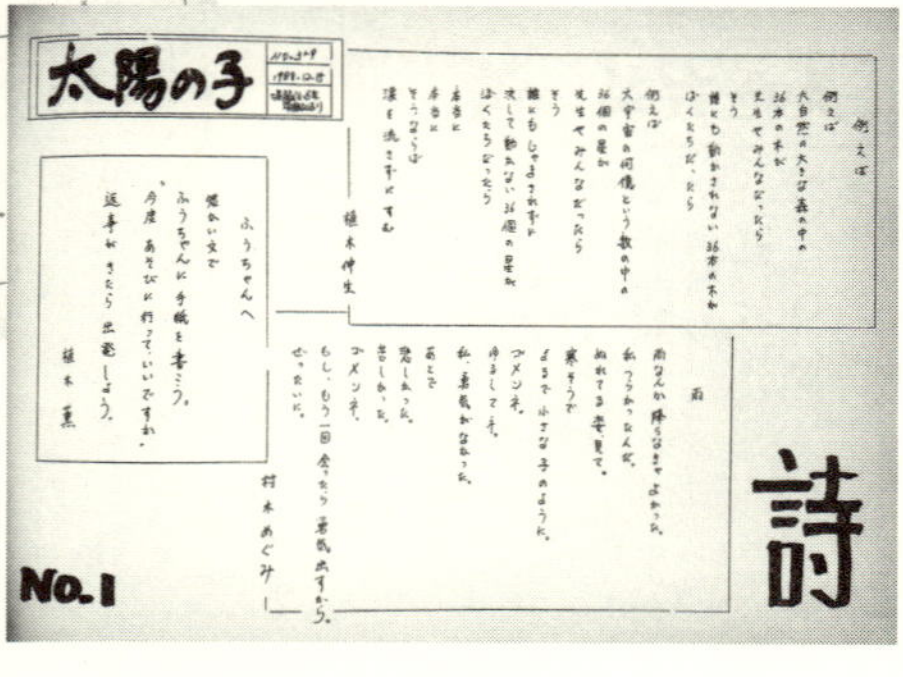

太陽の子　No.327　初雪の夜に　（一九八八年十一月二十五日）

初雪の夜です。

今日、てだのふあたちが書いてきた日記帳に返事を入れました。

それから、もう一冊の日記帳を開きました。昨日、彼らが書いたほうです。

読んでいるうちに、今までの「太陽の子」を読みたくなりました。

四月の頃の「太陽の子」。ずいぶんと遠いことのように思えました。

あれから、確かに春がゆき、夏がすぎ、秋が終わったのですね。

今日は、初雪。

長い冬が始まりました。

〝もう一冊の日記帳〟には、〝てだのふあ〟への返事が書かれています。

読むたびに、くやしいけど、まいりそうになります。アイツラめ。


今、すごく　うれしいです。この「太陽の子」を読んで。

わけわからないけど、初めて先生と出会った日に戻りたいです。

今、最高の気分です。

私は今まで、いろんなことを先生に相談してきました。

だからなお、先生と私は一つのような気がするんです。

はなれたくありません。

本当で言えば、四カ月しか先生とはいられないけど、きっと私の心の中では〝先生〟という存在がいつまでもいっしょにいるでしょう。そうでありたいです。

先生、私は先生が大好きです。

いつまでも、ずっとずっと一緒に生きていたいです。

旅立ちの日まで、一緒に生きてください。

私のことを思っていてください。

けっしてはなさないでください。

少し、高望みしすぎてすみません。でも、私が今思っている、すなおな気持ちです。

この、てだのふあ　一番の宝物です。

先生、たくさんの心をこめて〝ありがとう〟。


てだのふあたちが、一人ひとり、ワタシへ向けて、言葉をつづる。

ぜいたくな言葉を、ぜいたくな表現で。

カッコつけて書くわけじゃないけど、ワタシは立派な教師じゃない。

立派な人間じゃない。心底、そう思っています。

もっとステキなセンセイたちを、ワタシは何人も知っています。

だからこそ、ワタシはセンセイであり続けられる。〝いつか〟を信じて。


けれど、てだのふあたちのぜいたくな言葉を読んでいると、うれしくなる。たまらなくなる。

センセイでいることが、たまらなく　うれしくなる。

そして、あせります。

センセイとして力をつけたい！

残念ながら、私は、自分の小学校の卒業式をほとんど全く覚えていません。

中学生になってから、母校を訪れるなんてことも、はずかしくてできませんでした。中学生としての毎日を、おそらく必死でした。

〝必死〟と言っても、大した意味ではありません。明日のことしか頭になかったということです。

三年間の毎日が、バスケットの部活。定期的にやってくる試験。それから、生徒会長としての生意気な日々。《今思うと、ガキそのもののリーダーでした。》

彼ら、てだのふあたちも、きっと、そんな〝必死〟な毎日を送りましょう。過去に戻り、ひたるなど、遠い先のことでしょう。おそらく、センセイとしての私のことも忘れます。そうあってほしいとも思います。ちょっと、さみしいけど。

明日のことで精一杯の日々をすごさなくてはいけません。

ただ、どうしようもなく落ち込んだとき、明日が来ることがイヤでイヤでしょうがなくなったとき、逃げたくて　苦しくて　逃げたくて、でも、どこへも逃げることができなくなったとき、

〝あんときの俺、背のびして、前向いてがんばってたなぁ。〟って思える、そんな時代《とき》があったら、ほんの少しでも、勇気づけられるのではないかと思うのです。

そして、〝もう一回、明日、がんばってみっか。〟と。

この数百枚の「太陽の子」が、彼らにとって、この先、長い長い日々のいつか、どこかのあるとき、少しでも勇気づけられるものになったとすれば、それですべていい。

それは、また、私にとっても全く同じです。そんな日々をこれから共につくりたい。

だんだんと　おいついてきた　漢字マラソン。この前までは、すごくみんなと差がついたのに、今では三周くらいしか差がついていません。もう少しなので、月曜日には、みんなと同じところまで行きたいと思います。何度も、家や学校で練習したりしたから、みんなにおいつけたと思っています。もし、みんなにおいついて失格しても、また、すぐにみんなのところにおいつけるように努力したいと思います。

日記　十一月二十六日　I恵

太陽の子　No.333　やったぜ、I恵　（一九八八年十一月二十九日）

教室のうしろに「漢字マラソン表」が貼られています。一回合格すると、一マス赤くぬっていきます。三十五人のそれぞれの赤いグラフが、毎日上へ向かって伸びていきます。

I恵は、みんなよりだいぶおくれていました。その分だけ、I恵のグラフは低い。けれど、I恵は、ある日から必死になりました。毎日、何周か分、まとめて練習して、どんどん合格していきました。そして、十一月二十九日。ついにトップ集団に並びました。

今、女子のグラフは、全員が同じ高さのまっ赤なグラフです。

—十一月二十九日現在—　トップ集団三十二周目

〝トップ集団〟と書く。

夢がある。三十五人全員が〝トップ集団〟であること。

基礎学力はすべての子どもたちに身につけさせなければならない。そのために学校はある。漢字は基礎学力の大切な一つである。だから、三十五人全員が〝トップ集団〟であらねばならない。

今、T志、S友、Y之、Hの四人が必死にがんばっている。毎日、二、三周ずつ進んでいる。

夢のかなう日まで、あとわずかでしょう。今まで覚えた漢字一〇〇〇字以上。

太陽の子　No.334　読　書　（一九八八年十一月二十九日）

今日は、先生と〝紀伊國屋〟へ行ってきました。

〝紀伊國屋〟は、とても広くて、どこに何があるか、立てふだはあるのですが…。やっと見つけたら、さっそく買うものさがし。

だいたいは買うものは決まっていたのですが。

ぼくは、『北の国から』を買いたいと思ったけど、それらしい本はなくて、最後には全然違う本を買いました。『宮沢賢治詩集』と『二十四の瞳』、『望郷』です。

先生が言っていましたが、『望郷』を大学生の時に読んだそうです。この話を聞いた時、ドキッとしました。ぼくに読めんかな⁉　と思いましたが、本も本の内容もくさらない。だから、大人になってから読んだって…と思いました。

『望郷』は読めなくても、『宮沢賢治詩集』や『二十四の瞳』は読みます。

日記　十一月二十七日　N生

『望郷』は、新田次郎の初期の作品です。学生の頃、一度読んだきりなので、詳しく思い出せませんが、今のN生には、おそらく読めないでしょう。けれど、自分で買った本は残ります。そして、いつか必ず読みます。

紀伊國屋へは、月に二、三度は行きます。

だいたいどこに、どんなジャンルの本があるか、頭の中で思い描けます。

いつも、コースは決まっています。

まず入ってすぐの新刊書のコーナーへ行く。そこでだいたい一冊買う。

そのあと、ノンフィクションのコーナー。それからシナリオのコーナー。

それから小説のコーナー、推理小説のコーナー、詩集のコーナーへ行く。

そこで、いったん清算したあと、ずっと離れた児童書とマンガ本のコーナーへ行く。

おとといは、体育関係の教育書二冊、谷川俊太郎の『ことばを中心に』、柳田邦男の『事実の考え方』、むのたけじの『たいまつⅢ』、ちばてつやの『のたり松太郎』の六冊を買いました。

太陽の子　No.335　息子たちへ　（一九八八年十一月二十九日）

夢

ぼくには、夢がある。

それは、K織さんより　手を　はやく　あげること。

みんなが、「ばっかみたい。」と言ってもかまいません。

ぼくは、それをはたしたいです。

そして、てだじゅくを　がんばります。

てだじゅくで　みんながんばっています。

ほかの人たちも　がんばっています。

「いつか」でも　いいから、がんばってやって、K織さんをぬきます。

ぜったい　ぬきます。

残念ながら、ワタクシの家族には、息子がいない。

けれど、〝太陽塾〟には、六人の息子がいる。

五時で勤務時間が終わる。それから、息子たちとの時間が始まる。楽しくなんてない、だんらんとはほど遠い時間。

六人の息子たちは、ほとんど一日も休まず、太陽塾にやってくる。決して、いやがらない。

彼ら、六人の息子たちはまだ、これから学ばなければならない。

まだ、自信をもって、中学校へは送れない。

大切な息子たちである。

だからこそ、しっかり学力をつけさせなければならない。


今日、二十九日の太陽塾でのこと。

六人の息子たちの他に、いつもやってくる四人に話す。

「おまえたちも、息子になりそうだな。」

息子たちへ。

六人の元祖、息子たちと、四人の弟妹たちへ。

みんなは、まだまだ、これからである。

けれど、自分を卑下するな。ダメだと思うな。

人は一生懸命やれることだけやって、できないことなんて、そんなに多くない。

いつか、みんなが一人で学べる力がついてきたときを夢みます。

そのとき、みんなは、先生の息子でなくなる。

そして、太陽塾は解散します。

太陽の子 No.338 ある女の子のこと （一九八八年十二月一日）

五年前の今頃のことを今、思い出しています。

カメっ子たちが六年生の冬を迎える頃のこと。


その日、外がまっ暗になるまで、数人の女の子たちは家へ帰りませんでした。

ある一人の女の子のことを待ち続けていたのです。

その日、後期の委員会のリーダー改選がありました。

カメっ子たちは、それぞれの委員会で、委員長になるために立候補しました。

あの頃、〝ブリッ子〟という言葉がはやりました。

なるべくでしゃばらない、人前に出ないことが、子どもたちの空気でした。

カメっ子たちの何人かは、そんな空気の中で、リーダーになるために立候補しました。


ある女の子は、小学校の三、四年生の頃に、〝あやまち〟をおかしました。そのことで深く傷つき、落ちこみました。

けれど、六年生になり、そんな自分を変えようと決意しました。

彼女は、静かな子でした。けれど、いつも笑顔でいようとつとめ、そして、人のために、できる限りのことをしようとしていました。

やさしい、やさしい子でした。

決して、人のあやまちを責めようとしませんでした。

けれど、自分にはきびしい子でした。

その日、彼女は、行事委員会の委員長に立候補しました。

立候補の決意も、どんなリーダーになり、どんな委員会にしたいかも、前の日にしっかり考え、のぞみました。

けれど、担当の先生は、立候補者が何人かいたので、あいさつもさせず、そのまま多数決で決めさせました。男子たちは、男の立候補者に手を挙げました。

彼女は負けました。委員長になれませんでした。副委員長に決まりました。


彼女は泣きました。

どうしても、委員長の決め方が納得いかなかったのです。

六年生の自分の教室へ戻り、仲間はそのことを知りました。

六年四組では、リーダーになるためには必ず、自分の決意を述べ、その上で、よしとするものを投票で選んでいました。いいかげんな決め方をしませんでした。

彼女たちは、委員会の担当の先生のところへ出かけました。

そして、彼女は、たった一人で、その先生に自分の考えを伝えました。

ずい分と長い時間、話し合いは続いていました。

私に、もうおそいから帰れと言われても、動こうとはしませんでした。

彼女は、副委員長として、自分のやりたかったことをがんばることで納得しました。

待っていた仲間たちのところへ戻り、彼女は泣きました。仲間たちも一緒に泣いていました。

彼女は、中学校へ進み、学年のリーダーとして、生徒会に入りました。

今、高校二年。将来は、教師への道を進むそうです。

十二月上旬、学級会でクラスの財産づくりが議題となった。三カ月後に控えた卒業までに、全員の力で財産をつくろうという意図である。

話は進んだ。だが、実際に何を、となると、進む方向が見いだせない。

子どもたちに促されて、初代の教え子・カメっ子たちの実践を紹介する。

カメっ子たちは、弱視の人たちに「太陽の子」を読んでもらおうと、大きなマス目の原稿用紙に『太陽の子』の全文を視写し、自分たちの本をつくった。

その本、五セットが県立盲学校に寄贈された話をすると、子どもたちは再び考え込んだ。

そして四代目の彼らは、カセットブックづくりを目標に決めた。

完成した作品を、目の不自由な人に聞いてもらおう、自分たちの感動を目の不自由な人に伝えよう、という意図である。

朗読・録音する作品を決める段階で、まっさきに挙がったのが『太陽の子』と『兎の眼』だった。

『我利馬の船出』「ワルのぽけっと」『ひとりぼっちの動物園』といった他の灰谷健次郎作品や、そのほか「太陽文庫」の作品等の中から、再度話し合いをもったが、最終的に残ったのは、やはり『太陽の子』と『兎の眼』だった。

三カ月という期間を考慮して、『兎の眼』に決定した。

彼らは全員『兎の眼』を読んでいる。文庫本で三二四ページにも及ぶ長編だが、何回か再読している子もたくさんいる。

その感動を多くの人に伝えたい。目の見えない人たちは、他の人から音読してもらう以外に、この長編を「読む」手段はない。

私たちが、その役割を担おう！　彼らの目は真剣だった。

私は、彼らに次のことを確認した。

●一字一句の読み間違いも許されないこと。なぜならば、灰谷健次郎さんは作品の一字一字に思いを込めているのだから。目の不自由な人は、みんなの朗読で『兎の眼』を初めて読むのだから。

●登場人物の気持ちを精一杯伝えようとすること。自分の理解した人物の心を可能な限り表現すること。

こうして『兎の眼』カセットブックづくりが始まった。

まずは全員が、『兎の眼』を再読することになった。文庫本で三二四ページの長編だが、全員が確実に読み通すことから始めた。

全員の再読が済み、さっそく役割決めをし、録音にかかろうとするが、どんな表現をすればいいのか、どんな声の調子で読めばいいのか、朗読のイメージがつかめない。

「録音する前に、一度、本物の朗読を聞いてみよう」と私が提案し、灰谷健次郎作品『燕の駅』の市販カセットブックを購入。国語の時間に、全員で聞いてみることにする。

女優・檀ふみの朗読。その淡々とした読み方に、子どもたちから驚きの声があがる。

　こんなに静かに話すんだね。

　もっと、感情を込めるのかと思っていたら、グッと抑えるんだね。

　気持ちを抑えて話すほうが、伝わるんだね。

私が具体的に関わったのは、この最初の段階のみだ。朗読の仕方の学習において、唯一の教材として、灰谷作品『燕の駅』の市販カセットブックを提示した、この学習以外は、演出者的な役割に徹し、指導者として学習の前面に立つことはしなかった。

この後、エピソードごとに班の分担を決め、班学習の時間を設定し、朗読練習をくり返した。音読の苦手な子どもが、班のみんなに励まされながら、必死に読んでいた姿が思い出される。

練習は家でも行った。それぞれに、親や兄弟に聞いてもらうなど、工夫をしている様子が、日記から読み取れた。

私は、彼らの頑張りを少し離れて見守りながら、日記に書かれた努力の跡や思いを、せっせと「太陽の子」に掲載していった。

毎日配布される「太陽の子」によって、子どもの頑張りを知った親御さんから、励ましの言葉が子どもに掛けられ、それをまた子どもが日記に書いて報告し、それがまた学級だよりで広まっていった。

兎の眼

今日は〝兎の眼〟の練習方法を変えてみました。

カセットに自分の声を録音して聞いてみること。

昨日もやりたかったのだけれど、なぜか声が入らなくてダメだったんです。

正直言って自分では〝なかなかいいだろう〟なんて、ひそかに思っていたんです。

まずやってみて、声を大きくして聞いてみました。

聞き終わったあと、ホッとしました。

上手で？いえいえ、まるっきり下手だったんです。

マイクがなくて、雑音が入ったのもあるでしょうけれど、声が小さくて、なんだかブリッコ声に聞こえました。

それでちょっとガックリきて、ホッとしたんです。

だって先生、学校で集まると班の一人を選んで朗読させるでしょ。

私が選ばれてたら、絶対みんなから何か言われていましたね（悪い考え方してますが）。だから、ちょっと、ホッ。

私の分担場所は四つあります。一番大変でいくらやってもうまくできない言葉は鉄三の「ん」です。どんな発音で、どんな気持ちで、どのくらいの速さで読んだらいいのかわからないのです。わかっているようでも、声に出すと、ただの言葉になってしまうのです。

〝鉄三ちゃん、あたしをバカにしたらいかんでえ。これでも本は読んでんさかい。絶対に鉄三ちゃんと合体したるさかいな。かくごしときさ。〟

日記　十二月二十七日

いよいよ録音開始。

原則として、全員の前で自分の担当場所を朗読し、録音する形態をとった。

一人の録音が終わると、全員で感想を述べ合う。

だめならやり直しである。

読み間違いが後からわかり、何ページ分も録音のし直しというときもあった。何時間もかけて一ページも進行しない日もあった。

国語の時間、放課後が録音の時間だったが、時間が足りず、夜も集まって録音が続けられた。

「卒業までに」と、全員が懸命だった。

太陽の子　No.377　Good・by　一九八八　（一九八八年十二月二十八日）

今年がゆきます。あと三日で、一九八八年が終わります。

世間一般が冬休みに入っても、てだのふあたちは、学校へ通い続けました。


算数の〝太陽塾〟。冬休みに入って毎日、通い続ける〝息子〟たち。

内容は、算数の補習なのです。おそらく、おもしろくはないはずの補習なのです。

それでも、彼らは、毎日、やってきます。

それも、今日で終わります。今年の〝太陽塾〟は。

彼らは、明日、二十九日も来る気でいます。その気持ちを認めます。

来年、一九八九年、彼らは大きく成長しましょう。


太陽の子、財産づくり。十二月に入ってから、てだのふあたちは、毎日、財産づくりを続けてきました。

「兎の眼」カセットブックづくり。

三二四ページの長編、灰谷健次郎の『兎の眼』を三十五人全員で分担して朗読し、録音する。

それを、目が不自由なため、本を読めない子どもたちに届けようというのです。

毎日、毎日、必死の練習を重ねてきました。

ただ音読すればいいのではない、主題を考えながら、登場人物の心情を考えながら、場面を考えながら、読む。大変なことです。

冬休みに入り、毎日のように教室で、練習してきました。

灰谷健次郎さんへの手紙も書きました。

その財産づくりも、今日終わります。一九八八年の財産づくりは。
来年、一九八九年、彼らは、大きな財産を完成させましょう。

ミニバス練習
これもまた、冬休みに入り、毎日、続けてきました。
試合には勝てないかもしれません。
けれど、一生懸命練習を続けてきたという思いを残してやりたい。
そこにこそ、意義があります。勝敗など二の次です。
彼らは、明日もやってくるつもりです。その気持ちを認めます。
その練習も、今日で終わります。一九八八年の練習は。
来年、一九八九年、彼らはいい試合をしましょう。

今年がゆきます。てだのふあたちを今日から、家庭にすっかり戻します。
ずっと一緒にいれて、うれしかったです。明日から、ちょっぴりさみしくなります。

一九八九年、新年は、四日、十時に教室集合です。それまで元気で。
来年は、もっともっと彼らと一緒にいたい。いろんなことをしたい。
太陽《てだ》親《おや》様には、いろいろと助けてもらいました。ありがとうございました。
来年もよろしく、てだのふあたち　そして　てだ親様。

太陽の子　No.382　ごめんな　（一九八九年一月十三日）

今日も遅くまで、バスケットの練習をしました。

今頃、疲れきって横になっていることでしょう。どうぞ、ダラケてください。思いっきり。

ユニフォームを配りました。二一番まで、男子女子とも、三十五人全員に渡します。本来なら十五人ずつの選手三十人分しかないのですが、教頭先生のご厚意で、あとの五人分、そろえてくださいました。

試合には全員、出れません。おそらく十人ずつ、二十人で、試合になります。

そのことは何回か、てだのふあたちに話してきています。それがスポーツだと。

けれど、今、書きます。そんなことはないのです。おかしなことなのです。

てだのふあたち、みんな、同じように一生懸命、練習してきた。小学生なりに、おそらく精一杯。

だから、みんなして試合をすればいい。みんなは小学生の大会に出るのだから。


試合に勝つために十人しか出さないでしょう。センセイは。


キレイごとかもしれません。言葉だけかもしれません。〝ごめんな。〟

二〇番のユニフォームを、目を輝かせて手にする子に、ズキンとしてしまいました。


男子たちがいます。

彼らは、町の水泳大会で二位でした。勝てません。

陸上大会でも勝てませんでした。

女子たちがいます。

彼女らは、町の水泳大会で優勝しました。トロフィーをもらいました。

陸上大会でも優勝しました。カップをもらいました。

女子たちが手を取り合って喜び合う姿を、ずっと男子が見続けてきました。


このまま卒業させたくないのです。


今、男子たちは必死です。自分たちで、自分たち同士をしかりつけながら、練習を続けています。

オレたちは、ダメじゃないと、懸命にボールを追いかけています。

五時すぎても、彼らは帰ろうとしません。自分たちで強くなろうとしています。

水泳でも、陸上でも、こんな姿を見せませんでした。

試合の練習をしていると、「しっかりマークしろや！」の声がとぶ。言われた子は「オー。」と声を返す。

たくましさを感じます。彼らは、〝男〟になりつつあると感じます。


みじめな試合をさせたくありません。

必死にたたかってほしい。

勝てなくてもかまわないと思います。負けさせたくないだけです。

何よりも、自分たちに。


オレたちは必死に練習をやり、必死にたたかった。

そんな思いを彼らにさせたい。一度だけでも。そうして卒業させたい。

太陽の子　No.386　自分たちを信じて　（一九八九年一月十五日）

明日、M小とF田小との試合です。みんなもう寝たろうな！　十一時です。

今さっき、昨日、学校でみんなが書いた日記を読みました。日記を読みながら、泣けてきて困った。ハナミズが今も出そうだ。男たちの気持ちをしっかりと感じた。


試合も近づきました。今日の太陽の子を見て、思いました。考えてみれば、水泳も陸上も勝てませんでした。女子がカップをもらって帰ってくるのを何度も見てきました。

でも、そのときは、ほんとうに口惜しがってはいなかったと思う。

「今年の六年生は女子のほうがなんでも上手だ。」と、ある人に言われてきました。くやしかったけど、それは事実だと思っていました。

だから、このへんの人たちは、その人が言ったようなことを、みんなが思っているような気がしてならないのです。

確かに男子は、女子にくらべれば、身長は低い、足はおそいなどと、スポーツに関係したものは、すべて負けていたと思う。

そのくやしさを知って、陸上大会では、リレーで女子のタイムをやぶった。だけど、それは、町の男子には通用しなかった。

それどころか、女子に勝って、うれしがっているほど、バカなことはないと思った。

だれが聞いても、あたり前だとしか思ってくれないだろうと思った。

今、考えてみればバカバカしい練習だったと思う。ダラダラして、その空気を変えようとする人が、一人もいなかった。だから、女子に負けても、あたり前と思っていたのかも知れません。

そのときの自分は、バカヤロウだと思っています、今。

だからこそ、バスケットでがんばりたいのです。必ず後悔のないような試合をしたいのです。みんな、こんなことを考えながら、練習しているのだと思います。

今まで、練習しないで負けていた。このことは、だれでも思うようにバカな言葉だと思います。

だからこれを「練習したけど、負けてしまった。」というふうに書きかえたいです。

もしも負けてしまっても、練習してきたんだからいい、と思っています。

でも、このバスケの大会でも、男子より女子のほうがいい成績なら、またも、人に「男子はダメだ!」

というような考えを与えてしまうような気がします。

いつか先生が言いました。

「やってできないことは、多くない。」と。

この言葉を信じたいと思っています。

日記　一月十四日

明日、みんなは、初めて他の学校の子どもたちとたたかう。

力を尽くすように。

自分たちを信じて。

そして、自分たちに勝ちなさい。

太陽の子　No.387　勝つぞ！　（一九八九年一月十六日）

てだのふあをもらった。

てだのふあを読んでいると、なんだか涙が出そうになった。

先生が読んだときも、いっしょうけんめい涙をこらえていた。

読んでる途中にまわりの男子を見た。

みんな、下を向いていた。

ぼくも下を見た。

ごまかして、あっちこっち見た。

てだのふあに書いてあったとおりに卒業したい。

二〇番のユニフォームといったら、U君。U君も試合のとき、シュートを決めた。あの笑顔、とてもよかった。

男子だって女子に勝つっていうところを思いっきり見せたい。

今度の涙は、二十二日　バスケットの試合まで　とっておこうと思う。

今日もがんばって　練習しようっと。

「ごめんな」という、てだのふあを中学行っても、高校行っても、読むたびに涙がうかんでくると思う。

あと九日、せいいっぱいがんばろうと思う。

日記　一月十四日

あと八日です。その中にも練習試合まで、あと、二日です。

とっても、わくわくします。なぜかって、楽しみだから。

こんな練習試合でもわくわくするというのに、本番の二十二日の試合になると、きぜつするのかと思っています。

みんなと力をつくして、たたかうのが、なぜかわくわくしてきます。

これが、最後の行事だけど、ぼくは、そうはぜんぜん思いません。

なぜかって？　ただ、そんな気がします。

ぼくたち男子は、大きな目標に向かってきました。

その目標があと八日にせまってきています。

それを考えると、今までの練習が目にうかんでくるような気がします。

ぜったい。二十二日はいい試合をして、いい試合をして…。

日記　一月十四日

太陽の子　No.388　太陽の子たちは今　（一九八九年一月十七日）

あと二日で、F田小とM小との練習試合があります。

ワクワクします。

私たちのチームは試合に出れるか、わかりません。

でも、一生懸命がんばるつもりです。

そして、もっともっと強くなります。

今、私はケガをしていますが、こんなの〝チョチョイのチョイ〟でなおしてみせますから。

私は、強くなりたいです。

ほかのチームの人みたいに強くなりたいです。

そのためには練習です。もう、あと八日しかありませんが、前の練習の何倍もがんばりたいと思っています。今、言うのもおかしいけれど。

話はかわるけど、この間の試合で、少しはみかえしてやりました。

八点もとったんですから。うれしいです。何も言えないほど、うれしかったんです。

涙があふれました。私は泣きました。みんなの前で。

ころんだところもいたかったけど、うれし泣きでもあったんです。

もし、練習試合に出れたら、私は本当の試合だと思って、がんばります。

日記　一月一十四日

このごろ、太陽じゅくがありません。だから、家での勉強もはかどらない。

漢字マラソンの練習と、〝うさぎの眼〟の練習しかしていません。

だから、二十二日、はやくこないかな。

話はかわるけど、二十二日はミニバスの大会があります。

ぼくは今、それにむけて、がんばって練習しています。

試合に出れるか、出れないか、わからないけど、がんばっています。

だから、はやく、二十二日こないかな。

日記　一月一十四日

太陽の子　No.393　男子たちへ　（一九八九年一月二十五日）

大会の夜、お父さんお母さんたちと飲んだ。

あるお父さんが、男子たちのために泣いてくれた。


男子たち。おまえたちは幸せ者だ。

忘れないでください。おまえたちは、他の学校と闘い、勝ったのだ。

勝つことがすべてではない。《一番でなければ、すべてパアだとするバカもいる。》

でも、男子たち。

みんなは、今まで負けてきた。でも、確かにバスケで勝った。必死に闘って、そして勝った。

みんなにとって、自分たちの意地を見せる最後のチャンスだった。

堂々と、中学へ進みなさい。みんなは、自分たちに勝ったのだから。


それから、試合に出れなかった十四人のてだのふあたち。

自分たちのやってきたことが、ムダだったと、どうか思わないでください。

みんなは選手たちと一緒に、ずっと練習してきた。

選手たちのために、一生懸命、守りについてくれた。

みんながやってきたことはムダではない。

ありがとう。ごくろうさま。そして、ゴメンナ。


明日から、もうミニバスの練習はありません。長い闘いの日々は、確かに終わりました。

太陽の子　No.394　最高の学級集団を　（一九八九年一月二十九日）

もうすぐ一月も終わります。ワタシたちに残された日々は、あと五十数日です。

てだのふあたちへ。

みんなに言いました、〃最高の集団をつくりなさい。〃

みんなはステキな子どもたちです。

けれど、まだまだ課題が多い。それはおそらくみんなが、よく知っている。

このまま、このクラスを終わらせたくない。

みんなは、センセイにとって四代目の教え子たちです。

今までのどの子どもたちのことも、センセイは忘れてはいない。

精一杯、センセイと一緒にやってきた、そうして、センセイから離れていった。

てだのふあたち。

三月の末、みんなは、センセイのもとから離れていく。

さみしいけれど、しかたがないことだ。それが、みんなが大人になることなのだから。

みんながセンセイから離れていく、その日。

センセイは、笑顔で見送るつもりだ。

〃オレにとって、最高の子どもたちだった〃と。

今はまだ、そう言えない。みんなにはまだ、やるべきことがたくさんある。

自分たちの課題として、みんなは言った。

〝自分の意見をすすんで発言する人が少ない。〟今、その課題に全員で取り組んでいる。

きっと、全員が堂々と自分の考えを述べあう授業が成立するだろう。


一日の生活の見直しもした。

朝の会も、検討された。内容について、さまざまな意見が出た。明日の朝の会が、楽しみだ。

詩の暗唱も復活した。全員、五〇編の詩の暗唱をめざす。

〝兎の眼〟財産づくりも、本格的に取りかかる。


それから――。

「太陽の子」。今日のこれが三九四枚目。

一年間書いた数では、七年間で最高です。

けれど、目標は五〇〇号。

毎日、一枚ずつでは、五〇〇号に達しない。二枚ずつでもやっと。マイッタ。

毎日、二枚ずつ出す！　センセイの挑戦。


誰が決めたわけでもない。運命というしかない。

三十五人のそれぞれの家庭で育ってきたものが、一つの集団をつくる。

誰が決めたわけでもない。運命というしかない。

ワタシというセンセイがそこに入る。

そうして、今、一緒に毎日をすごす。たった一年という限られた時間を。

みんなとの一年を、最高のものにしたい。最高のクラス集団を共に、つくろう！

太陽の子　No.399　夢に向けて　（一九八九年一月三十日）

今、〝最高のクラスをつくる〟ということで、みんな一生懸命です。

なるべくたくさん手を挙げるということは、今のところだいじょうぶです。

絶対、手を挙げる六人も、何でもいいからまっ先に手を挙げています。

ぼくも、自分の意見がすこしでもあったなら、すぐさまに手を挙げようと思っています。

詩のほうでは、今日パートナーを決めて、五〇個の詩を覚えることにしました。

みんな一番最初「我は鉄なり」から始めることにしました。

ぼくのパートナーは、S子さんです。

いっしょにがんばって、早く五〇の詩を覚えるようにします。

朝の会では、「係からの仕事はありませんか。」と言われたときは、一つひとつの班が言うことになりました。

ぼくたちは、配達係だから、あまりみんなに伝えることがないので、「配達物があったら、配達係にとどけてください。」ばかり言っています。

明日はちがうことを考えて、発言したいものです。

それと、歌も入れました。一日ずつ歌の題を変えていって歌うことになりました。

兎の眼の財産づくりも進んでいます。

この前までは、バスケの練習であまりできなかったけど、もうバスケは終わったので、時間がたくさんあるので、がんばってやりたいです。

卒業まで残り少ないけど、残りの日々で最高の集団を絶対につくります。

日記　一月三十日

新しい班になり、活動を開始しました。
今日の体育の時間、教室で班活動を行いました。
「兎の眼財産づくり」の進行表がつくられました。
「朝の歌」の表がつくられました。
「詩」の表がつくられました。
「発言記録」の表がつくられました。
「学級の写真」が新しくはられました。
「大望新聞」が壁にはられました。
「漢字マラソン」の解答がつくられました。
「五〇編の詩」の一覧表がつくられました。
「今週の予定」を書きこむ表がつくられました。
「全員発言」をめざして、黒板にはる個人の名札がつくられました。
「日記全員提出記録」を示す、数字カードがつくられました。
「忘れ物0《ゼロ》連続記録」を示す、数字カードがつくられました。

てだのふあたちが、夢へ向けて大きく動き始めています。

てだのふあたち三十五人の夢。
小学校生活最後の夢。

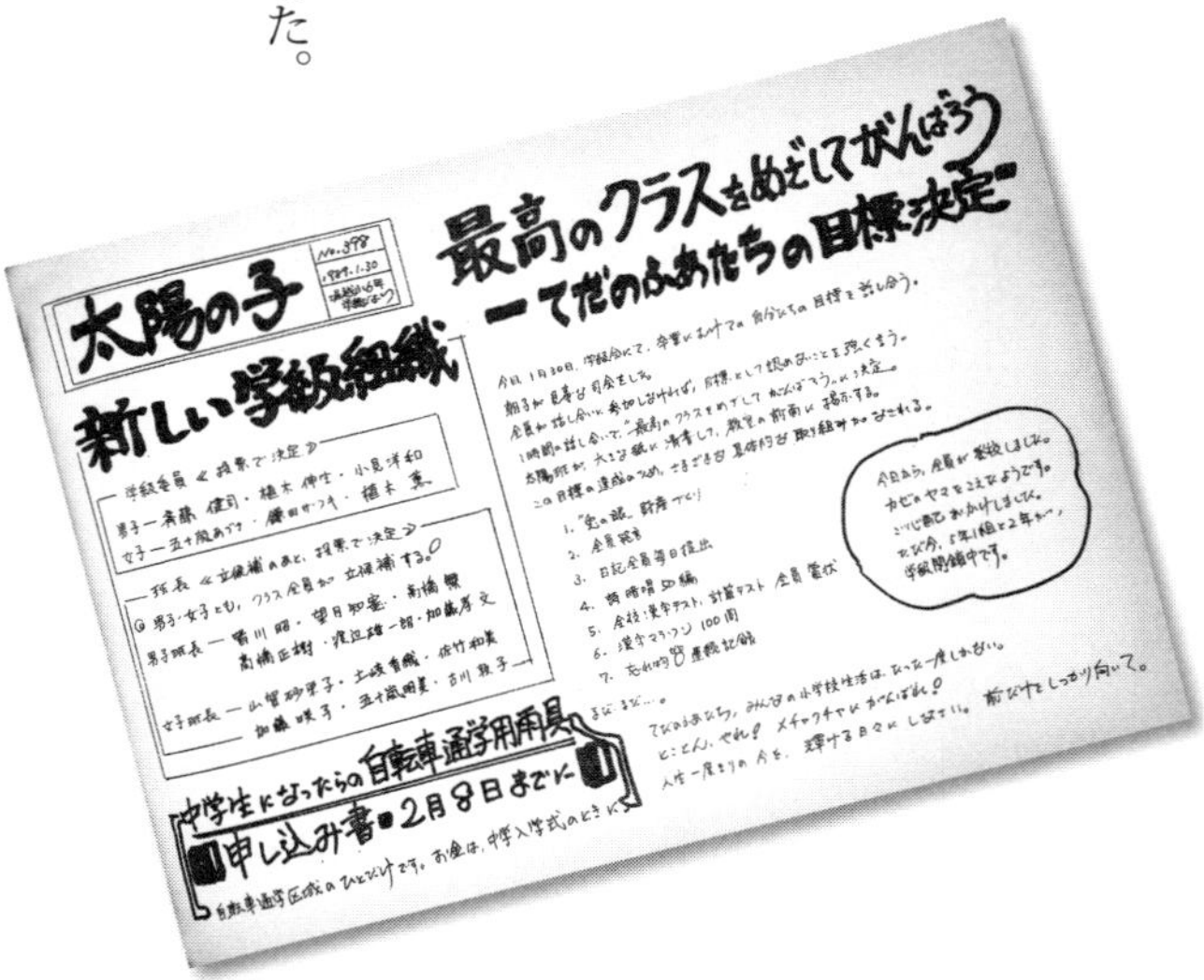

太陽の子　No.401　太陽の子たち三十五人へ　（一九八九年一月三十一日）

卒業

朝、道路にあった雪が、帰る頃にはすっかり溶けていました。

全然、冬らしくありません。降っては溶けて、春みたいです。

でも、春みたいといっても、あまりうれしくありません。

春になったら、中学生だからかな。

だけど、小学校を卒業したくないんです。

卒業しないで中学生になる、というふうに現実はうまくいきませんね。

私が卒業したくない理由は、まだ先生にとって、最高ではないからです。（最高になっても卒業したくないと思うけど。）

卒業するのは、最高になってからです。

先生、私は、一日も早く最高になれるようにがんばります。

だから、私たちが最高になった日には、たくさんたくさん笑って、ほめてくださいね。

日記　一月三十日　K織

前にも話したと思いますが、また書きます。

センセイにとって、みんなは四代目の教え子になります。

初代の教え子たちは、この春、高校三年に、二代目は中学二年に、三代目は五年生です。

どの子たちも、先生の大切な子たちでした。

たくさんの思い出を先生に残しました。

この正月の年賀状にも、さまざまな今の自分を語ってくれました。

〝先生、元気ですか?〟と。

彼らは、すでに先生の手の届かないところで、それぞれが自分らしく、自分の日々を送っています。

けれど、先生には、彼らはいつまでも大切な教え子たちなのです。

初代のカメっ子たちとの日々があったからこそ、二代目のあすなろたちとの日々があり、そして、三代目ののびっ子たちとの日々がある。

彼らとの日々が、私を先生であり続けさせてくれたといっても、過言ではありません。

彼らは、最高の教え子たちでした。


今、先生の日々は、てだのふあたち、みんなとの日々です。

みんなが、たまらなく好きです。

みんなが先生の前にいない日など、今の先生には想像もできません。

けれど、みんなは、あと二カ月後、卒業していく。

みんなは、最高のクラス集団になることをめざす。

今、懸命な毎日を送っています。


みんなが旅立つその日、先生はみんなにきっと語ります。

〝最高の子どもたちでした。〟

きっと語ります。

そして、精一杯、笑って見送ります。

太陽の子　No.405　徒然なるままに（一九八九年二月二日）

九時過ぎから数時間、ぶっ通しで書き続けていました。右手の指が、バカになっています。《どっちみち、乱筆にかわりはしませんが。》

てだのふあたちの日記帳を載せました。もっと多くの子のものをと書いたのですが、今夜はこれが限界です。まだ、今年に入って、七人の子の文を載せていません。近いうちに必ず。

ある人に言われました。ずいぶん前になりますが。

「そんなに何枚も出したって、親が読んでくれるか。そんなにヒマでないだろう。」

かも、しれません。（ゴメンナサイ。）

ただ、かつての教え子の親たちの中には、本気で一枚一枚しっかり読んでくれている親がいました。

もちろん、〝読んでますか。〟なんて一度も聞いたことはありませんが、わかるものです。《そんなこと、聞けるほどの根性、ありません。》

そんな人が一人でもいるとなれば、それだけで、書けるものなんです。〝ようし！〟とファイトがわくんです。《つまり、単細胞なんです。》

この間のバスケの試合のあとの飲み会で、うちの校長とあるお母さんが話をされているのが聞こえてきました。「全部、しっかりと読んでますよ。」

うれしかったんです。その言葉を、今でもこうして耳に残しているほどですから。

で、もし時間がありましたら、今日のてだのふあたちの日記を読んでやってください。自分の子でない子の日記も。我が子が、学校という場で、どんな空気を吸っているか、見えてくるはずです。

子どもは、集団の中でこそ、育ちます。どんな集団の空気の中にいるか、そこから、我が子が見えてくるはずです。

そして、できれば、その空気をさらに高めていくために、我が子にひと言を。

今日の中学入学説明会。きわめて複雑な心境でした。子どもたちが、だれかに遠くへ連れていかれるのを、手も足も出ず、見送るような。全く、いやになります、自分ながら。教師失格。


明日、全校漢字テストがあります。カゼのため、延期していたものです。

目標は、三学期の終業式で、〝全員　賞状をもらう。〟です。

さて、テスト勉強はしただろうか。明日が楽しみでもあり、不安でもあり、ドキドキです。


今日の太陽塾で、話が盛り上がりました。〝女〟の話です。

あの息子たち、それぞれにあこがれの女《ひと》がいるんですね。エラソーに。

聞いていいるうちに、なかなか、いい女に目をつけていると感心しました。

絶大な人気を誇っているのが、おねえちゃん。

まじめさに、あの明るさがいいとのこと。ワカル、ワカル。


地道にしっかりと前を向いている人に、ほれる男たちもまた、いい男ということ。

ウワッツラだけで女にひかれては、人生あやまる。まずは、ひと安心。

《いったい、この号は何を書いたのやら、とにかく、終わります。オヤスミナサイ。》

太陽の子　No.413　挑戦　（一九八九年二月三日）

本校には全校漢字テストがあります。それと、全校計算テスト。
毎月一回行われ、それぞれの学期ごとに、次の賞状が出ます。
　全部一〇〇点満点――満点賞
　総計で九割以上――がんばり賞
三学期、六年生のてだのふあには、最後のチャンスです。
一月の全校漢字テストは、カゼのため、三日に実施しました。

とうとう明日は、うれしいというか、悲しいというか、あれがあるんですよ、アレ。

漢字テスト。漢字は、自分でもちょっととくいだから、うれしいと言えばうれしいけど、まちがえれば、一年が終わりだから、悲しいといえば悲しいんです。

でも、やっぱ、明日しかない。やりたくなくとも、やらなきゃならない。

この日記を書き終わってからも、漢字練習をします。

てだ塾でも練習したけど、あれで完ぺきと思ってたから、うぬぼれているなと思います。


今日も、てだ塾があった。

あしたは、漢字テストだから、てだ塾も漢字だった。

あしたの漢字テストは、ぜったい一〇〇点をとりたい。

一〇〇点をとれなくても、せめて七〇点はいきたい。

ぼくたち、てだ塾の人たちは、とっても自信がありそうでした。

漢字は、いっぱいむずかしいのがあります。
とくに、ぼくがむずかしいと思った漢字は、内閣総理大臣です。
この漢字は、なんかむずかしいのがあつまったという漢字です。
話はかわるけど、きのうのてだ塾は、とちゅうからへんな話になった。
でも、てだ塾の人たちのすきな人がわかった。

今日のてだ塾で、漢字のれんしゅうをしました。
先生は、まんてんをとれと言っていました。ぼくもがんばりたいと思います。
漢字マラソンも、もう何周でもやっていいことになりました。
ぼくは、一日二周やらないとだめです。
だから、がんばって、漢字マラソンは一〇〇周をめざします。

〝最高の集団をつくる〟　取り組み　全校漢字・計算テスト　三十五人全員　賞状をもらう！

太陽の子　No.423　みっともないほど　一生懸命　生きなさい　（一九八九年二月九日）

今、てだのふあたちの、二月七日、八日の日記を読んでいました。何人かが、「バカになりたい」と決意表明しています。七日の放課後、リーダー会議で話したことをもう一度、ここに述べます。

〝他人《ひと》にみっともないと思われるほど、一生懸命　生きなさい。〟

おととしの今頃、筑波大学附属小の研究会に参加しました、何百人かの全国から集まった先生方で、シンポジウムがありました。そのとき、「発言したい人？」と、司会者が聞きました。

センセイは言いたいことがありました。けれど、言えませんでした。手を挙げられませんでした。

そのことが、イヤな思い出として、忘れることができません。

昨年、再び、同じ研究会に出かけました。自分の金で、徹夜で東京まで車をとばして。

また、一言も発言する機会がありませんでした。

しかし、おととしのあのはずかしい思いをして以来、どこの研究会へ行っても、言いたいことは述べようとしてきました。センセイの自分自身への挑戦でした。

今日、A小にM町の先生方が全員集まって、研究会がありました。センセイは、五年の国語の授業に参加しました。

協議会で、司会者の先生が、発言を求められました。まっ先に手を挙げました。そのあとも、手を挙げました。三回目、少し、みっともないと思いました。

ほかの先生方が手を挙げないのに、自分ばっかり手を挙げて…。

「アイツ、バカか。」と思われるんではと。「めだちたがりやめ。」と思われるんではと。

けれど、そんなことは、ちっぽけなことです。どうでもいいことです。

人にみっともないと思われようと、オレは今、研修に来ており、だまっていてはわからないことがあり、自分のために手を挙げ、意見を言うのだ。センセイは、一生懸命、バカになった。

今年もまた、筑波大学附属小の研修会へ、徹夜で車をとばして参加します。

今年こそ、自分の考えを述べてくるつもりです。センセイの挑戦。

てだのふあたちへ。
センセイはみんなと同じ、弱い心をもった人間です。
でも、このまま、歳《とし》をふやしていきたくない。みんなと同じように大きくなりたい。
そのために、みっともないほど、一生懸命、生きてみよう。

太陽の子　No.424　おめでとう新記録達成！　（一九八九年二月十日）

二月十日、ついに日記連続記録が十日目に達しました。
三十五人全員が、一つの目標に向かって、それぞれにがんばる。すばらしいことです。
おめでとうてだのふあたち。

今日の放課後、先生、班長、そして学級委員とで学級についての話し合いをしました。内容はクラスのことです。最高のクラスなどと、カッコつけたことを言ったものの、実際には自分たちのやるべきことをやってはいなかったのです。

このクラスの大きな課題として、発言についてということがあったんだけど、確かにそうだと思う。はずかしがらずに手を挙げ、「手を挙げるのがあたり前」という空気がつくれない。そして、つくろうとする人が少ない。こんなことが、最高のクラスをめざしている自分たちにあっていいのだろうかと思いました。だから、少なくとも投票で選ばれた自分たちが常に前へ前へというふうに進んでいかなければならないと思いました。

日記　二月七日

太陽の子　No.428　追悼（一九八九年二月十三日）

悲しい話です。

手塚治虫さんがなくなられたということ。本当に信じられません。

これから、出会おうというときに。『火の鳥』をまだ一度も読んでいなかったのに。

『火の鳥』を読んで、これから、私が手塚さんに手を伸ばそうというときに。

でも、しかたがないんですよね。泣いたって、おこったって。どうすることもできません。

ただ、ただ、私たちがずっと手塚さんの本を読み続け、いつまでも眠っている手塚さんを見守るだけなのですね。

手塚さんの分、私は、がんばろうと思いました。

日記　二月九日

二月九日、手塚治虫さんが、なくなられました。

その日、夜おそかったので、翌朝、家の者からフトンの中で教えられました。

大きな声を出してしまいました。ショックでした。〝死〟とは無縁の人のように感じていました。

ちょうど、肉親の死が、想像できないのと同じように。

手塚治虫。その人との出会いは、私の家に白黒テレビが入る前のことでした。今はなき祖母に手を引かれ、夜道を近所の〝名士〟の家まで、テレビを見せてもらいに行った記憶があります。

小学校に入る、数年前のことだったと思います。

その番組は、〝鉄腕アトム〟。アトム、ウラン、コバルト、いったいどれだけ、その絵をまねてかいたことか。

歌詞は覚えていませんが、メロディーは全部諳《そら》んじられます。

それから、年を一つずつ増すたび、手塚治虫作品も増えていきました。

『ジャングル大帝』『リボンの騎士』『ビッグX』『ワンダースリー』

小学校高学年か中学一年の頃（おそらく）の『アポロの歌』。性のめざめを描いた、この作品を大人にかくれて読みました。

高校の頃、『火の鳥』の未来編に出会いました。そのときの感想は、今は、残っていません。ただ、クラスのあこがれのマドンナと、「読んだ。スゴカッタ。」と共通の話題で話せてうれしかったことを覚えています。

浪人時代、東京で新聞配達をしていた頃、『火の鳥』が復刊されました。

以前、出版した会社がつぶれ、『火の鳥』は、マボロシの本となっていたのです。

古本屋で一冊何万円の値段がついたとか、うわさされていました。

その『火の鳥』が、別の会社からもう一度出版される。そのニュースを読んで、興奮し、発売の日を指折りかぞえました。

そして、出会いなおした『火の鳥』の未来編。十九歳の私は、人生観が変わるほどの感動を経験しました。そのとき、買って読んだ本が今、〝太陽文庫〟に古くなって並んでいます。

大学に入っても、手塚治虫は、私に影響を与え続けました。私の本棚に、少しずつ手塚治虫の著作が増えていきました。

教師になっても、それは続きました。毎週買う〝朝日ジャーナル〟には『ファウスト』。月二回出る〝ビッグコミック〟には『グリンゴ』。けれど、今週の朝日ジャーナルに、『ファウスト』は載っていませんでした。まだ、連載の途中なのに。おととい買ったビッグコミックにも、『グリンゴ』はありませんでした。これからを期待していたのに。二度と、手塚治虫は、描きません。

二十数年間の私の想いを無視して、手塚治虫は、もう二度と描きません。

私の本棚の手塚治虫たち。

ブッダ　一〜八巻
MW《ムウ》　一〜三巻
陽だまりの樹　一〜十一巻
アドルフに告ぐ　一〜三巻
シュマリ　上中下巻
どろろ　一〜四巻
地球を呑む　一〜二巻
ミクロイドS　一〜三巻
ザ・クレーター　一〜三巻
きりひと讃歌　上中下巻
奇子《あやこ》　上下巻
一輝まんだら　一〜二巻
ばるぼら
人間昆虫記
IL《アイエル》
山棟蛇《やまかがし》
サスピション
大暴走
メタモルフォーゼ

火の山
ユフラテの樹
日本発狂
紙の砦
空気の底
鳥人大系
鉄の旋律
ガラスの城の記録
時計仕掛けのりんご
走れ！クロノス
ブラック・ジャック　十二巻
火の鳥　全十一巻

手塚治虫さん、世の中の多くの人たちが二月九日にあなたの死を耳にしたとき、信じられなかったように、私もまた。

今も、信じられません。あなたはいつも、永遠の生命を描き続けた。『火の鳥』でも、『シュマリ』でも、『陽だまりの樹』でも。

あなたの描き続けたテーマは、あなたの作品たちが語り続けます。読む者に生きる希望を与えながら、永遠に。

さようなら。

太陽の子　No.434　最後の試合　Good-By　バスケ　（一九八九年二月十五日）

明日

Sちゃんちに電話しました。明日、来るって、学校へ。良かった、安心しました。Sちゃん、あやまっていたよ。ゴメンネって、私に。なんだかたえられなかった。でも、明るく「明日、待ってるね。」とSちゃんに伝えたよ。そのとき、明日がやっと大会の日みたいで、ちょっとあせったりもした。おかしいね。

私は明日、赤いユニフォームを着て、背番号四を着て、バッシュをはいて、ポニーテールをして、みんなと最後の試合をします。勝敗に関係なく、思いっきりします。

先生、私たちの姿、やきつけてください。いつまでも忘れないように。

キャプテンとして、初めて、みんなにしてやれることをできるかぎりして終わらせようっと。

みんな、最後の試合、がんばろう。涙を見せたりしたらダメだぞ！

私とみんなの約束だよ。笑顔で終わらせるように。

日記　二月九日　M月

二月十日に、最後のバスケットの試合をしました。

他の学校が相手ではないけれど、応援する大人たちはだれもいないけど。待ち続けた日でした。

てだのふあたちは、ユニフォームを着て、正式メンバーで、全員そろって、最後の試合を、長い日々練習してきた新体育館で行いました。

今日

今日は、朝から、そわそわしてた。たぶん、みんなも同じだったと思う。

楽しみだったけど、この日がこなければいいなんて思ったりもした。

今日は、最後のバスケットをする日なんだ。水泳の時も、陸上の時も悲しいな、さみしいなって思ったけど、今日みたいにこんな苦しくなかった。一生懸命やったのは、同じなのに。たぶん、次があったからだと思う。水泳の次は陸上。陸上の次は…って。

それに一番がんばろうって思ってたバスケットだったから。大好きだったバスケだったから。

また、今日、ためておく涙ができました。今日の量は多かったみたいで、少しこぼれちゃったけど。

それとね、先生、M月ちゃん泣いていました。すっごく悲しいって気持ちが伝わってくるほどでした。

そして、やっとの思いで、「みんな、ありがとうねっ。」って、元気いっぱいに言いました。

仲間を信じて、自分もがんばって、何よりバスケットが大好きだったM月ちゃん。

ありがとう。M月ちゃん。

ここまでがんばれたのは、あなたのおかげです。また、いつか、できるといいね。

たった一度きりのバスケット大会も、今日の試合も、同じくらい気持ちよかった。

日記　二月十日

太陽の子　No.435　筑波大学附属小研修記（一九八九年二月十六日）

一日のま夜中、十二時に起きる。

ムリして横になっていたら、眠ってしまっていた。

顔を洗って、したくをして、コーヒーを飲みながら、公開授業の教材を読む。

四年生は『一つの花』、六年生は『ことばの文化』。

ドキドキしてくる。

三年連続の参加である。今年は、私自身の課題があった。「発言する！」

一時半頃、家を出る。家のものが見送ってくれた。

夜の高速道路はすいていたが、小雨にぬれて鈍く光っている。

途中、何度かサービスエリアでコーヒーを飲む。ガボガボのハラ。

朝六時頃、筑波大学附属小に着く。誰もいない。受付は八時から、授業は九時からである。当たり前だ。

玄関に座って、ボケーッとしている。

少し寒くなってきたので、車に戻る。

車の中で、今日授業されるF先生の著書を読んでいたら、眠ってしまった。

八時過ぎ、子どもの声で目覚める。ここの子どもたちは、制服を着ている。一年生から六年生まで、男子は半ズボン、女子はスカート、帽子をかぶる。いつもそう思うのだが、かしこそうな顔をみんなしている。

おぼっちゃんにおじょうちゃま。

ネクタイを締め直し、赤い目をして、受付に行く。ワンワンと人がいる。

「ニヘイセンセ！」手を振る女の先生たち。M原小の四人の先生たちだ。

一緒に、四年の教室へ行く。一番前の席を取る。ここからだと、子どもの顔がみんな見える。

スゴイ子どもたちだった。

必死になって、すべての子どもの発言をノートにとったが、ついていけない。

どの子も深い読みをし、それを自分の言葉ではっきり述べていく。

途中で話し合いになった。

先生はしゃべらない。子どもたちだけで、話し合いを進めていく。

みんな堂々としていた。それが当たり前のように、どんどん意見を出す。

なんて子たちだと思った。

そこで、ガクゼンとする。この子たちはまだ四年生！　六年生でない！


子どもたちが帰ったあと、協議会になった。二〇〇人ぐらいの先生がいる。

言いたいことがあった。それは、この授業の大きな問題だと思った。

けれど、その先生は、天下のツクバのセンセイだ。それを批判することになる。

「意見のある方」ドキッ。

誰も手を挙げない。沈黙が流れる。

一人の男の先生が手を挙げた。ホッとした。それについて、授業した先生が話す。終わった。ドキドキ。

「他にありませんか？」ドキッ。

言いたいことを急いで、頭の中で整理する。アレッ、最後でまとまらない。

ヤバイ！　けれど、私の手は上へ挙がっていた。ドウニデモ、ナレ！

言いたいことは、すべて言えた。周囲の先生方がうなずいて、賛成してくれる。

私の発言のあと、つけたしで別の先生が発言した。

三年目、やっと、しゃべった。

太陽の子 No.440 あと一カ月 （一九八九年二月二十四日）

道徳の研究授業をしました。彼らにとって、小学校最後の研究授業でした。全員の先生方が、六年の教室に来られました。授業そのものについては、多くの反省を残しました。まだまだ未熟です。

てだのふあたちは、実にステキでした。

あの一時間の彼らのつくった空気は、今まで私が見てきた多くの教室のどの子どもたちの空気にも負けないものでした。

何人かの先生方が、すばらしい子どもたちだと、おっしゃってくれました。

校長先生が「どこかの大学の附属小学校の子どもたちのようだった。」と笑っておっしゃっていました。

てだのふあたち、みんなは自分たちをほこっていいです。

みんなは、どこの六年生たちにも負けないほどの、すばらしい空気をつくりました。

その空気は、人から言われてできるものではありません。教師でさえも、無力です。

その空気は、その集団をつくる一人ひとりの力によるものです。

全員が、前を向き、上へ上へとのびようとするときにのみ、できる空気です。

てだのふあたち。センセイはみんなをほこりに思う。

三十五人の一人ひとりをほこりに思う。三十五人の集団をほこりに思う。

今日は二十四日。みんなが、この学校を出ていく日まで、ちょうど一カ月になりました。

なんというときの流れの速さ。ついこの間、ミニバスの大会が終わったと思ったのに、あれからもうひと月がたつ。なんだ、一体！　と声に出したくなるほど、時間がブッとんでいきます。


あと一カ月、みんなは多くのことをやりとげるでしょう。

みんなが決めた目標、「最高のクラス集団をつくりあげよう。」

日記の連続全員提出記録は、明日でもう、二十日連続になろうとしています。

漢字マラソンも、次々に一〇〇周に達しています。

詩の暗唱も進んでいます。

「兎の眼」の財産づくりも、自分たちだけの手で完成に向かっています。

みんなの集団は、六年前から始まり、つづいてきました。二〇〇〇日以上にも及ぶ、長い長い日々をみんなは共にすごしてきた。その集団もあと一カ月で解散します。

これからの、みんなの長い人生で、こんなに共にいられる集団はありません。中学へ行っても、高校へ行っても、社会に出ても、もはやありません。
だから、残された一カ月という時間を、大切に大切にしてほしい。
あんな時代《とき》が、オレたちに、私たちにあったと、
メチャクチャにがんばった時代《とき》が、
アホになろうと必死になった時代《とき》が、
みんなで一つの目標に向かって、一日一日を精一杯すごした時代《とき》が、
オレたちに、私たちにあったと、そう、遠いいつか、フッと思い出せる日があったら、イイネ。

太陽の子 No.446 卒業… （一九八九年二月二十六日）

まちがっても、はじじゃない

今日の一時間目から、ずっと心の底からうれしさがこみあげてきているんです。

最初、どうしてかわからなかったけれど、そのあと、すぐわかりました。

それは、手を挙げることだったのです。

今まで、手を挙げるといっても、一日に二、三回しか、発言しませんでした。

でも、今日はちがいました。

挙げないときもあったけど、挙げるほうが多かったのです。

発言したあとは、すっごくすっきりした気分で、手を挙げても声がかからなかったときは、すごく残念でした。

先生の言うとおりでしたね。

まちがっても、はじじゃないって。

本当にまちがってもはずかしくなかったのです。

でも、今日は良かったけど、また日にちがたっていくと、手を挙げなくなるかもしれない…。

いや、そんなことない。

まちがっても、ちっともはずかしくないっていうことが、わかっているもん。

先生、このまま続けば、みんなにいばって卒業できるね。

日記　二月二十三日

先生、お返事ありがとう。じゃなくて、ありがとうございました。

私、今、とってもドキドキしてるっていうか、不安っていうか、変な気持ちです。

今まで録画しておいた「太陽の子」を見るんです。明日です。

私の思っている、ふうちゃんだったら、とってもいいです。

さて、あさっては、全校漢字テストです。みんな、満点、とれますように。

全員が満点賞をとるんだぞ、ガンバルンダ!だから、すっごく練習しています。

先生、ちゃんとテスト、つくっておいてね。満点、みんながとるんだから。


三月になったら、班がえするんでしたね。ちょっと残念です。

もっとしたいことがあったのに。今、実行しているんですが…。

班の人、太陽班の人で話していました。

もし、だれかが、この太陽班の人と入れかわって、そのまんま仕事を受けついだら、大変だなって。

だって、毎日、太陽の子の整とん、一日忘れてやらなかったら、大変。

二つ目は、毎日、日記連続記録カードを貼る。

三つ目は、太陽文庫の整とん、に、本の貸し出し。これが大変なのです。

四つ目は、財産づくりをすすめる。今、どのくらい進んでいるか、カードをつくってるから、完成したら、仕事がふえる。

五つ目は、私たちが学校へ来る日がどのくらいか示したカード。これもまだつくっている途中だけど、完成したら大変、毎日だもの。

こんなことがあって、まだ新しい仕事をつくろうとしているんです。スゴイですね。

七年生

私たちだけ七年生。
ドキドキしてるけど、うれしい。
七年生、七年生。
まるでピカピカの一年生になるみたい。
今は、六年生。
今度は、七年生。
今は、六年生でがんばって
今度は、七年生で、がんばろう。

七年生

学校のはじっこでいい。
小さな教室でいい。
七年生をやりたい。

泣いて笑って過ごした一年。
もう一度あったらいいな。

七年生は、六年生より
ちょっと成長して
また　泣いて笑って過ごしたい。
みんな、また　よろしくね。

――てだ親様より――

六年間、共に励んだ〝てだのふあ〟のみなさん。巣立ちを前にそれぞれの想いで、残り少ない日々を精一杯、頑張っていることと思います。ほんとうにびっくりする程、時間の過ぎていくのが、早く感じられます。

間違いなく、卒業する日が、やって来ますね…。

『最高のクラス集団』めざして、どの子も必死の様子が、「太陽の子」の文面から、ひしと伝わって来ます。

自分もこの年代のとき、こんなに一生懸命、頑張っただろうか？

遠い昔のことですが、残念ながら、思い出そうとしても、よく覚えていません。ボンヤリ過ごしたようにも思えます。今頃になって、〝モッタイナイ〟などと悔やんでいます。

授業参観に出かけるたびに、すっかり〝大人びた〟みなさんを見て、びっくりしました。

今までのいろんな積み重ねを大切に、大きく伸びていってほしいと思います。

太陽の子 No.450 息子たち（一九八九年二月二十八日）

今日は放課後、M小へ出張。町内の小中学校の高学年代表の先生方が集まる、生活指導の研修会。M中学のナマの実態を聞いた。下を向いて聞く。てだのふあたちに、明日、何かを語らなければと思う。何を語ればいいのか。

五時近くなって、教室へ行く。七人の息子たちが待っていた。

今は、公倍数、公約数を徹底的にやっている。数学の方程式の基礎となる。中学一年の一学期、まっ先にぶつかる学習だ。ほとんど、しゃべらない。コツコツと基礎問題を解きすすめていく。

三十分以上、じっと学習する力はついてきている。自分で自分を律し、学んでいく姿勢なくして、これから先はない。その力は確かについている。

途中、ワタシが話しかける。

明日の班長選挙のこと。明日、最後の班がえをする。そのためのリーダー選挙。

息子たちは、燃えている。〝班長になる！〟理由がある。選ばれたリーダーが中心になって、班のメンバーを決める。息子たちは、あこがれの人と同じ班になりたいのだ。

そのために、なんとしても、班長にならなくてはならない。とくに、ある二人の息子は必死である。

おそらく、男子全員が立候補する。当然、自分の名前を書いて投票する。となると、問題は女子の票のゆくえである。

作戦をねる。勝負は、立候補のあいさつにある。そこで、女子にうけるしかない。

今夜、息子たちは明日のために、あいさつの文句を、頭を悩ませて考えているにちがいない。

明日が、実に楽しみである。

それにしても…。こんなにも人のいいヤツラを、ワタシは知らない。

一緒にいて、話をしていて、心がウキウキしてくる。素直に、ワタシ自身がなれる。

不思議なほど、人のいいヤツラである。正直にまっすぐに生きている。

いつか遠い将来。息子たちに、無理やり約束させた。

初めてのボーナスが出たら、センセイにヤキトリをおごること。

〝センセ、死んでねぇ。〟〝こうでんのかわりに、仏だんにヤキトリだわ。〟

息子たちが、楽しそうにホザく。

明日から三月。〝太陽塾〟も、あともう少しで、つぶれる。

なかなか時間がとれずにいるが、あとで悔いを残したくない。「算数の補習」、実際、おもしろいはずがない。けれど、息子たちは明日もまた、待っている。その心にこたえねば、と思う。

太陽の子　No.451　太陽の子《てだのふあ》　（一九八九年三月一日）

今日、最後の班がえを行いました。

数日前から、このことを予告していました。

てだのふあたちにとって、大きな大きな日でした。

班がえの前に、リーダー決めを行う。投票による選挙。

立候補し、みんなの前であいさつをする。そして、投票。

昨日、「最後の班がえ」という題の作文を課題として出しました。

今、てだのふあたちの書いてきた作文を読んでいます。

一人ひとりにとって、今日の班長選挙がいかに大きなものか、読んでいて伝わってきます。


明日は、六年で最後の班がえです。あと一カ月、くわしく言えば、二十四日。

私の気持ちは、立候補すると、決めていました。

本当にドキドキします。

わたしは、六年になって、班長になったのは一回です。

そのときは、ただ五年生のときと同じように、やっていましたが、班長として、やることが欠けていたと思います。なんか、たよりない、だれが班長かわからないふうだったと思います。

前までは、まだ自分はだめだとか思って挑戦しなかったけど、最後だから、と思って挑戦します。最後の最後のチャンス。明日は絶対に立候補します。

演説もやんねばならないのなら、ヘタかもしんないけど、がんばります。

日記　二月二十八日　R子

今日の班長選挙に三十五人が全員、立候補しました。

次々と前に出て、準備してきたあいさつをしっかりしました。

堂々と、次々と。一人ひとりにおくられる大きな拍手。

R子も前に立ち、あいさつをしました。途中、涙声になり、泣きじゃくりながら、最後まで、しっかりと述べました。R子の心が、みんなに強く伝わっていくのがわかりました。

一人ひとりのあいさつをシーンと聞く、そして、次々と前に立ち、自分の心を述べる。

その空気の中で、私は何度か、涙ぐみそうになりました。

こんな空気を七年の間、一度も見たことがなかったと、そのとき思いました。

あの〝カメっ子〟たちにもつくれなかった空気でした。幸せを感じました。


Kの作文があります。三十五人の中で、Kのものだけが、異質でした。他の子たちは、自分の願いを、決意を書いていました。それでいいのです。けれど、Kはちがいました。


多分、明日は三十五人全員が立候補すると思います。

これは大予言、絶対に当たると思います。

わたしは、もちろん立候補するけど、選挙だと大変ですね。だって、だれに入れようか、迷ってしまうでしょ。最後だって思うと、なおさら迷ってしまいます。

でもね、わたしが班長になれなくても、きっと後悔しないと思います。

全員が立候補すれば。そう思いませんか。

全員が立候補すれば、きっといい空気ができますよね。

それに、だれが班長になってもいいんだから、そう思うとうれしくなります。

みんな、今、なにしてますか。

わたしと同じように、明日のことで、日記(作文)書いてますか。

それとも、一生懸命、あいさつを考えていますか。

きっと、いい班ができると思います。最後の班がえにふさわしく、全員に立候補してもらいたいです。

なんだか、わたしが一人で興奮してるみたいですが、今のみんなの気持ち、どんなですか。


Kについては、今まで、何度も「太陽の子」に書いてきました。Kに、教師として私がしてやれたことは、ほとんど何もありません。正直な気持ちです。それほど、スゴイ子でした。

Kは今までに何度も、自分自身を否定する文を私に書いてくれました。自己否定。それは強烈でした。激しいものでした。〝昔の自分よ、こわれろ。〟そうやって、彼女は、毎日を過ごしてきました。信じがたいことなのです。

大人でさえそうです。自分を守って必死です。人からの少しの否定にもおびえます。

けれどKは、自己否定をくり返してきた。たった十二歳にして。

彼女に、教師は必要ありませんでした。自分自身が、自分を成長させてくれる教師でした。

つい最近の日記に、Kは書いてきました。

「中学へ入り、自分の意志で、リーダーに立候補し、生徒会の仕事をする。」

今日、載せた作文も、その考えの延長にあります。

この考えに至るまで、Kには、長い葛藤がありました。私は、それを知っています。

中学という集団の空気。目立ってはいけないという空気。

自分を小さく殺してしまうだろうと、何度かうったえていました。

そういう自分を否定し、今、Kは書いているのです。

「でもね、わたしが班長になれなくても、きっと後悔しないと思います。

全員が立候補すれば。そう思いませんか。」

イイコぶって、並べた言葉なら、読みとばします。ごまかすなって。甘えるなって。

けれど、Kの言葉はちがいます。

長い間の自己否定の末の今の言葉なのです。

Kを見て思います。もし灰谷さんが、彼女と一緒に一年をすごしたなら、きっと、「太陽（てだ）の子（ふあ）」をKに見るだろうと。

少なくとも、私にとって、彼女は、「太陽の子」です。

太陽の子 No.453 てだのふあたちへ （一九八九年三月一日）

今日の班長選挙で、残念ながら、おちてしまったてだのふあたちへ。

投票が終わったあと、何人もの人が、泣いていました。

つらいかもしれませんが、今日の想いは、決してムダではありません。

こんな詩があります。

　人は、悲しみが多いほど　他人《ひと》にはやさしくできる
つらさ、くやしさを経験するたびに、それだけ、心は大きくなる。そう思います。

センセイは、スムーズに小、中学校をすぎてきました。

何でも一番になることがあたり前の目標であり、高校にして最もむずかしいとされる学校をめざすことが当然のことでした。

学級委員をやり、生徒会長をやり、みんなのリーダーであることも、当然でした。

学校の先生方も、大人たちも、そういうふうにセンセイを育てました。

実力テストで、県で十何番になったときには、わざわざ先生が家まで来て、新潟の高校へ越境入学させたら、みたいなことを言いました。

勉強がわからず、先生からできないヤツと思われ（ていると思いこみ）、リーダーになんかなれるはずはないと思って毎日をすごしている人など、センセイには無縁でした。

いつも、先生方から気にかけられ、気にかけてもらわないと不満を感じました。

ヘドの出そうなガキでした。


センセイの学区では、最もむずかしいとされる進学校に合格しました。

定期試験でもいい点をとり、クラスでも上から何番目というところにいました。

体育祭など、行事でも中心となり、リーダーとしてふるまっていました。


あいかわらず、順調でした。

転落は、その分、あまりに簡単でした。

高二の春、オートバイで事故をおこし、重傷を負いました。一学期をつぶしました。

クラスがえした教室に、センセイのいる場所はありませんでした。

勉強がわからなくなりました。

わからなくなってくると、ますます勉強するのが、イヤになりました。

授業に参加するのが、おそろしくなりました。

「なんでやってこない。自分自身のために勉強しろ。」

そう言われるたびに、ますます、勉強しなくなりました。

ますます、わからなくなりました。

学校は、センセイにとって、地獄のようなところでした。

よく授業をさぼりました。

高三になり、受験が近づいても、そんな、あまったれた状態は続きました。


大学入試に失敗し、東京での浪人生活が始まりました。

それから一年。メチャクチャの自分との闘いの日々。

そして、大学の四年。

多くの本たち、たくさんの、今まで出会ったことのない種類の人たちとの出会い。

日本国中をさまよったこと。シルクロードへの夢。さまざまなアルバイトを通してみる未知の世界。そして、自由であること。

東京ですごした六年の時間は、センセイをほんのちょっぴり大人にした。

少なくとも、センセイは夢をもてた。「先生になる！」と。

班長になれなかった、ただのふあたち。

今日の想いは、決してムダではありません。

太陽の子　No.454　てだ親のみなさんへ　（一九八九年三月一日）

たくさん、たくさんのおたよりをいただきました。

すべてのおたよりを、原文のまま載せるつもりでいました。そういう約束でした。

けれど、ちょっと困っています、私は、人から〝いい先生〟と言われるような教師ではありません。

子どもたちにとって〝いい先生〟であろうとしてきました。

そんなこと、あたり前です。それが私の仕事ですから。

ですが、人から〝いい先生〟と言われると、逃げたくなります。

はずかしくて、たまらなくなります。ケンソンなんてものではなく、正直な心情です。

〝いい先生〟と書いていただいたおたよりがあります。

そのまま、載せることにします。

いつか、〝いい先生〟になれたと、自分自身で納得できる日をめざします。

その日のために、はずかしながらの励みにします。

ありがとうございました。

〝やさしさ〟をしっかりとうけとめました。ありがとうございました。


子どもたちをほめていただいたおたよりがあります。

心からうれしく思いました。何度か、こみあげるものを感じました。

喜んで、載せさせてもらいます。子どもたちも喜ぶでしょう。そして、さらにがんばろうと思うでしょう。

何よりの子どもたちへの〝教育〟になります。

ありがとうございました。

てだ親様からのおたより　―PART1―

早いもので、もう卒業なんですね。

初めて二瓶先生と出会ったときの、子どもたちの期待と喜び…。

先生と共に、頑張ってきた、いろんな行事の数々が思い出されます。

六年間の中で、こんなにも皆で、心を一つにして頑張ったことは、他になかったと思います。本当に最高のクラスでした。

そして、最高の先生でした。

先生から子どもたちは、いろいろなことを学びました。

これらは、子どもたちが大きくなっても、心のどこかで決して忘れることはないでしょう。大切な心の財産だから…。

「夢の話」、いつかきっと思い出して、読み直すにちがいありません。

思い出がぎっしりつまった「太陽の子」の製本。

子どもたちの宝物となりました。

先生が毎日、夜おそくまで書いてくださった「太陽の子」をいつまでも大事にしまっておくことでしょう。

思い出をたくさん、ありがとうございました。

残り少ない日々を、楽しく過ごしてもらいたいと思います。

一年間、ありがとうございました。


ありがとうございました。

太陽の子　No.459　目標に向かって（一九八九年三月七日）

財産

今日、ぼくたちの録音が終わりました。やりました。少し夢に近づいてきました。すごく勇気がわいてきました。早く財産づくり終わらないかな。もっと財産を残せたらいいと思います。もし、すべて目標が達成できたらどんなにいいだろう。

ありがとう

今日は、最後の班がえでした。私は立候補しました。あいさつのとき言ったように、今までは、落ちると思って立候補しなかったけれど、今日で最後なんだ、また同じことをくり返したくないって思いながら、立候補しました。そして、私に七票も入って、信じられませんでした。あのとき出た涙は、うれしくて、うれし涙だったんです。じゃんけんで負け、班長になれなかったけれど、私には最高の思い出になりました。私に入れてくれた人、どうもありがとう。

日記連続全員提出なんと二十七日！

太陽の子　No.466　六年生として（一九八九年三月十日）

私もがんばります

六年生が発表した。すばらしかった。六年生は、私たちの先生だ。いつもいろいろなことを教えてくれた。六送会での詩の発表は、とても感動しました。

将来のゆめ、今のゆめ、今はまだ小さいけれど、大人になったら…私は教えてもらいました。〝つばさをください〟をもう一度歌ってくれたとき、六年生の顔がかがやいていました。みんな希望がありました。私たちも六年生をお手本に、勉強に運動にがんばります。いつまでも元気でいてください。

私たちは、六年生をじっとみつめてきました。六年生は手本でした。

――三月十日　四年二組「みんなのおたよりワールド」――

今、四年一組の教室に、ハンドサインの絵が掲示されています。児童朝会の学級発表で、てだのふあたちが〝全員発言〟の紹介で使ったものです。四年一組で、「反対」「つけたし」のハンドサインがあげられています。てだのふあたちのめざしている〝全員発言〟を、四年生も目標としているのです。てだのふあたちへ。みんなの毎日が、四年生たちに伝わっています。

そのことの大きさを大切にしなさい。

卒業の日まで、あと十日あまり。

〝最高のクラス集団〟という目標に向かって、懸命な毎日が続いています。

日記の連続全員提出。　詩、五〇編全員暗唱。　〝兎の眼〟財産づくり。

詩集〝太陽の子たち〟づくり。卒業制作。

もう一つ、みんなには、やることがある。

最高学年として、卒業していくものとして、学校のため、下級生のため、何を残せるか。

あと十日あまり、もう一つ、みんなにはやらなければならないことがある。

太陽の子 No.469 大きな財産を ― 兎の眼カセットブック（一九八九年三月十一日）

ぼくの財産づくりは終わりました。足立先生のところです。この前、終わりました。やっと半分になりました。数カ月もかけて。

ぼくは、三月中に終わるか、とても心配で心配でたまりません。早く終わってほしいと願います。財産づくりを早く終えて、最高の宇宙一のクラスになりたいものです。非常になりたいです。ぼくの夢の一つだから、その夢に向かってがんばりたいです。

日記　三月六日

先生、財産づくり、なかなか順調ですよ。あたしの場所は、あと一つだし、班の全体をみても、半分いったし、１班から６班までを合わせてみると確か二二三だったか。全体が三一五だから、三一五分の二二三ってことになります。

できれば来週中に終わりたいですよね。だって、すごく時間がかかるんでしょ、きちんとそろえたカセットブックができるまでは。

ホントに、いそがしい毎日が過ぎていきます。やりたいことをやってるときって時間が早く過ぎてしまいますよね。それと同じ。

やりたいことやってるだけだから、もうちょっと時間ちょうだいよ、こんな感じ。

こういうの〝小学校生活のラストスパート〟っていうのかな。部屋のカレンダーははずしているのに、時間がないことがハッキリわかります。

日記　三月八日

太陽の子 No.475　卒業詩集〝太陽の子たち〟（一九八九年三月十三日）

卒業をひかえ、てだのふあたちは、詩集〝太陽の子たち〟を作製中です。

三十五人全員の詩を載せます。

この一年間、書き続けてきた詩のノートから、自分で一編えらんで、清書したものです。

この詩の他、学校の先生方からのお言葉、六年生の一年間の歴史、住所録などを載せます。

ほとんどの原稿は仕上がり、あとは印刷するだけです。

製本も、自分たちの手で行います。

卒業の日、〝その日〟までに完成しましょう。

三十五人の詩以外のページの担当	
気勢班	目次・ウラ表紙
修羅班	先生方のお言葉・《住所録》・詩五〇編の紹介
飛鳥班	住所録・将来の夢
赤飯班	表紙・「翼をください」の詩
再考班	三十五人顔・カット
平和班	てだのふあたちの歴史年表・てだ文庫の一覧表

太陽の子　No.477　心のままに　（一九八九年三月十六日）

今日、ＰＴＡだよりができあがってきた。てだのふあたちの卒業特集である。一人ひとりの顔写真が載っている。彼らの一年生から五年生までの写真もある。ワタシの文も載っている。そこで書いた。〝さよなら、てだのふあたち〟。明日、配ることになるのだろうか。

今日の午前中、Ｋ織が泣いた。
「昨日、やっと、財産づくりが終わって、最高のクラスに近づいたと思ったのに…。」
心が熱くなった。せつなくなるほど、かわいく思った。給食が終わる頃、Ａが帰ってきた。Ａのところへ何人かが走る。Ａが元気そうに笑っていた。涙が出た。

三時から、研究校会。教務室で会議。廊下をＹ一郎が顔をまっ赤にして歩いていく。目があう。Ｙ一郎は両うでで大きな輪を頭の上でつくって、笑った。すべては、それでわかった。逆上がりができたのだ。会議中なのに、思わず声を出しそうになった。
三日前から毎日、休み時間になると、何人かの子どもたちが、できない逆上がりの練習をしていた。必死に、でっかい体をふり上げて。まわりで、低学年の子が、笑って見ている。こんな子たちを知らない。

四時になって、教室へ走る。教室に何人か、残っていた。何の話からか、来年の話になる。「卒業したくない。」「しなきゃいいだろ。また、学校、来い。」「そうしよう。」

「でも、自転車、買ったし。」「乗ってくればいい。学生服着て、小学校へ通え。」

風のように、また教室をとび出る。うしろから「さようなら」の声がひびく。


〝さようなら、てだのふあたち〟

もうすぐ、言わなければいけない。

でも、いやである。卒業なんか、させてたまるか。

こいつらと一緒にいたい。また、春を一緒に迎えて、夏をすごし、秋をおくり、冬をすごしたい。

一人ひとりを思うだけで、胸がジンジンと痛くなってくる。

卒業式の練習が、本格的に始まった。時間だけが、ただ、ぶっとんでいく。


（一九八九年三月十六日）

太陽の子　No.478　漢字マラソン　全員一〇〇周合格

今日は、とってもウルトラスーパーミラクルうれしいことがありました。

それは、漢字マラソンが終わったことです。

昨日、九十八から九十九までやりました。

どちらも合格。

そして、今日、一時間目が始まって、漢マラをやることになって、練習。

そして一〇〇周目。全員がそろって、一〇〇周のまるつけ。

Sちゃんとぼくも、どちらも完ぺきの合格。

とっても、ウルトラスーパーミラクルうれしかったです。

三月十四日　日記

てだのふあたちへ

忘れないでほしいことがあります。

ダメな人なんて、ホントはいないんです。〝できない子〟なんて、ホントはいないんです。

たとえ、今はダメでも、できなくても、それで終わりではないのです。

すべては、これからなのです。

自分をダメなヤツと、あきらめないでください。あきらめたら、終わりです。

たとえ、今はダメでも、これからを信じて、がんばること、それが大切なのです。

他人《ひと》をダメなヤツと見はなさないでください。見はなして、ケイベツするのは、かんたんです。

けれど、そうする前に、その人のために何をしてあげられるか、考えてください。

漢字マラソンという、一つの取り組み。その長い長い日々の中で、みんなに学んで欲しかったこと。それは、自分を信じる強さと他人《ひと》を信じるやさしさです。

てだのふあたち。

忘れないでください。

ダメな人なんて、ホントはいないんです。〝できない子〟なんて、ホントはいないんです。

忘れないでください。

太陽の子　No.483　てだ親様からのおたより　―PART2―　（一九八九年三月二十二日）

〝太陽の子〟最初は、ちょっと大きすぎる言葉と思いましたが、先生の偉大さと共に、それをしっかりと自分の心に焼きつけようとする子どもたちそれぞれの意気込みを見てきますと、不思議なことに三十五人一人ひとりが、〝太陽の子〟四文字にしっかりと重なって見えて来ました。本当にこんなこともあるんですね。

人の心というものは、やろうとすることにバカになってしまうほど、一生懸命とことん入り込めば、できないということはないと思います。

だけど、えてして、その一歩手前で、バカにして、バカになれずに終りにしてしまうことが多いように感じます。

私も、まだまだ未熟でちっぽけな人間ですが、常に何事も一生懸命やっているということを、子どもに私の姿で感じ取ってほしいと願っています。

小学校生活もあと数日、先生一人、生徒三十五人、短い時間です。

今日からは、ときの流れをしっかりと体全部にきざみ、ステキで最高の六年生であることを祈ります。

本当におつかれさまでした。

また、中学への「行って来ます」が始まるまで、少しの間、体を休めてください。そして、新しい知識を入れるすき間をつくっておいてください。

一年間だけでしたが、今の六年生にとって、どれだけ多くのことを身につけたか知れません。

そして、どれだけ先生に感謝していいか、わかりません。

先生ありがとうございました。

太陽の子たちありがとう。


あっという間の一年間、本当に充実した年でした。

これも皆、二瓶先生、諸先生方のおかげだと感謝しております。

六年間すごした学校、六年間一緒に学んだ友達とも、お別れする日が近づいてまいりました。

娘は、まちどおしいのか、早く学生服を買いに行こうと言いながらも、中学生になりたくないなあなどとぼやいています。

私も心の中では、子どもの成長を望みながら、何時までも小学生でいて、中学生になんかならないで、とつぶやいています。

真新しい学生服を着て見せる娘の姿を見ていると、何か淋しくなり胸が、じ〜んと熱くなってしまいました。

いっときも子どもたちから離れないで見守ってくださった先生。

何よりも信頼し、追いつこうと一生懸命になっている子どもたちは、本当に立派でした。

こんな先生に中学でも巡り会えたら、子どもたちもより一層大きく成長して行くことでしょう。

本当にありがとうございました。

太陽の子　No.484　大きな財産 完成　（一九八九年三月二十二日）

三月十五日、てだのふあたちのめざしてきた一つの大きな目標をなしとげる。『兎の眼』カセットブックづくり。六十分テープ九本に及ぶカセットブック完成。十二月からこの日まで四カ月にわたる長い長い財産づくりが終わった。

――いとしく光って天にはりついていて。ふう。

終わったとたんにみんなが大きく息をはいたのは、やっと終わった、と思ったからでしょうか。ホントに、録音は終わったんですよね。N子ちゃん、ご苦労様。一番最後だと先生もみんなもしーんとしちゃうから、すごくきん張したでしょ。それから、Aちゃんと K織さん、N樹にYちゃんも。とくにN樹とYちゃんはね。Sちゃんが言ったように、残念とかもったいないというのも良くわかります。何か穴があいたようで。

漢字マラソンが終わったときもそう思ったんです。でも今は、かわりに四年生に歌を教えているから。なんとか穴はあかないんだけど。

私の本（兎の眼）もけっこう表紙がよごれてきました。太陽文庫の本もたくさんの人にさわられていると思うけど、私の本もそれに負けないくらいたくさんさわりましたよ。みんなの本もきっと、すっごくきたなくなっているんじゃないかナ。

でも、ホントに終わってよかった。あとは完成するまでのもうひとがんばり。

いつごろ、また鉄三ちゃんに会えるかナ。いつごろ、小谷先生と話せるかな。できるだけ、早いほうがいいよね。

日記　三月十五日

三十五人のつくりあげた、この大きな財算。

いつか必ず、この日本のどこかの街で、不自由な目で精一杯に生きている人のもとへ届けましょう。

そして、きっと、ささやかなはげましになりましょう。

太陽の子たち、長い間、ごくろうさま。

太陽の子　No.498　てだ親様へ　―最後に―　（一九八九年三月二十四日）

「出会いがあるから、この人生はすばらしい。」

この言葉をかみしめています。

太陽の子たち三十五人との出会いは、私に大きな大きなものを残してくれました。

もし、この世に神が存在するなら、出会わせてくれたことに感謝します。


そして、てだ親様。未熟な私を、いつもあたたかく見守り、はげましてくださった。

たった、一年という短い間でしたが、たくさん話しました。そして、たくさん飲みました。


てだ親様との出会いに感謝します。

本当にありがとうございました。


これからも、教師であり続けようと思います。

また、飲みましょう。　さようなら。

もう一つの秋から春へ

冬のトンネルを抜けて

「てだのふあ」たちを思うとき、どうしても忘れられない女の子がいる。

この子は、この一年間に五冊の日記帳と一冊の詩集を残した。

九月に入って、一時、登校拒否寸前の状態となった。しかし、その後、卒業までに彼女は灰谷健次郎をはじめとする作品を読むことによって、立ち直っていった。

十二歳の「子ども」にとっても、文学作品を読むことが、自己を見つめ、人の生を知ることとして成立している事実を、この女子は示している。以下、彼女の九月から卒業までの日記を紹介する。


九月十五日（木）　私、ウソをついているんです

私、先生にウソをついているんです。本当のことを言おうにも、まだ勇気が出なくってダメなんです。でも、のどのところへんまでは出てきているんです。

だから、私、決めました。十月二十四日は、私の誕生日です。十二歳になるんです。

誕生日の前の日か、誕生日に、もし、私が変わった日記を書いてきたら、そのことを「太陽の子」に載せてほしいのです。

卒業式寸前の日に、みんなに言おうと思っていました。でも、先生にウソをついているということは、みんなにもウソをついているということになるんです。それまで、たえられそうにないので。

思い切って、誕生日前に言うかもしれません。でも、やっぱり勇気が出なくて卒業しちゃったりして。今、書こうと思えば書けるんです。言おうと思えば言えるんです。ただ、ちょっと、おっかないけど。

明日から、いつもの私に戻ります。

十月十三日（木）　誕生日の前に

私のどろぼうぐせは、保育園に入ってからすぐについてしまったようです。…………………。

ある時なんか、いとこの家から人形の服とお化粧セットを取って自分の物にしたり、隣の家のBちゃんから人形のクツ盗んだり……。

帰ってから、さっそく使ったんです。そしたら、お母さんが、「それだれの？あなたのじゃないでしょ。」って聞いてきたんです。私は平然として、「えっ、あたしのだよ。」なんて言っていたけど、お母さんは絶対うたぐっていましたね、あのときのあの顔は。

そして、あの日……。おつかいで、近くの店まで行きました。見ると、目の前に一つだけ、ハート型のチョコレートがあります。私は、お店の中をしばらく見て、そっと手を伸ばしました。家に帰って食べてみると、固くて、苦くて。きっと神様のバチが当たったんだと思いました。

この話をしたのは、初めてです。言おうと思っても、口ではなかなか言えない。それは、きっと私が弱い人間だからだと思います。

私、そろそろ刑務所に入らないといけないです。

十月十七日（月）　黄色い髪

先生、ゴメンナサイね。私、しばらく明るい日記なんか書けそうにないです。くら〜いどよんとした黒いものが、おなかの中にたまっているからです。

中学、やっぱり行きたくないナ。今のクラスがばらばらになれば、きっと自分を殺してしまうから。それに友達だってできるかわかんないです。女の子の友情なんてモロイもんだから。

私も黄色い髪に染めようかな。別人ごっこやろうかな。そうすれば楽なのに。夏実みたいに強くなりたいな。あかりちゃんみたいにしっかりした子になりたいな。だあれもやっつけてくれないと、だんだん私がダメになっていくような気がして、せつないです。

十月十九日（水）　ガリバーの船出

『我利馬の船出』今、読んでいます。

灰谷健次郎さんが小さかった頃、こんな生活をしていたなんて、とんだ見当違いでした。私もちょっと思ったことがあるんですけど、小さい頃バカにされていたような子って、大きくなるとすごいことするんですね。いろんなことを知っているんですよね。

それは、きっと自分を見てもらえない分、「自分を見ている」からだと思います。

『兎の眼』や『ワルのぽけっと』を読んだとき、思ったんだけど、灰谷さんは、鉄三の気持ちやみな子ちゃんの気持ちを文にして書くことが、どうしてこんなにできるのだろうと不思議でした。でも、この『我利馬の船出』を読んでわかりました。それは、灰谷さんがガリバーだからです。

私には、まだ、宝物がどこにあるのか、まったくわかりません。探し出すには灰谷さんのような思いをしなければならないのでしょうか。

灰谷さんは、もう、海に出てしまいました。

私は、いつ船出をすればいいのでしょうか。

十一月一日（火）　指切りげんまん

先生へ。

私たちの卒業式には、どんな服を着ていくの。きっと背広にネクタイだね。

先生へ。

卒業式では泣いちゃうかもね。でも、ホントは泣くことなんてないのにね。だって、「出発の日」だもの。

私、先生には泣いてほしくない。そのかわり、私も泣かないから。

だからね、先生。みんなには内緒にして、指切りげんまんして。卒業式には泣かないこと。

だから、私、泣かないような強い子になるために、これからいっぱい本を読みます。夏実みたいにつよく、ふうちゃんみたいにやさしく、灰谷さんのようにまじめで、そんな人になるために。

先生、約束だよ。もう、指切りげんまんしたけんね。

ウソついたら針千本、の〜ます。

十二月一日(木)　太陽の子

あと十分で十二時です。

さっきまで、『太陽の子』を読んでいました。

つらいめにあった者は、つらいめにあっている者の心がよくわかる。どんなにやさしい心があっても、つらいめにあったことのない人間は、つらいめにあっている人間の心にまで入ることはできないのだ。―ふうちゃんは、しみじみそう思った。

私も、ふうちゃんと同じです。私は、つらいめにあったことがないから、ライオン君の気持ちがわかりません。かわいそう、としか思えません。

『我利馬の船出』で思ったことを、またここで思いました。

ちぇっ、灰谷さんの奴、どうして、いっつもいっつも、キヨシ君みたいな子を出すんだろう。うちらを試しているなあ。

でも、そうなんだ。灰谷さんがこんな子を出すのは、まだ私たちが、日本人が、地球人が、本当のやさしさを知らないからだろう。だから、きっと灰谷さんは、ずっとずっと本を書き続けていくのだろう。

私は、灰谷さんの手伝いをしようと思います。

先生が言ったように、私も泣けてきました。だから、なおさら「太陽の子」の意味を早く知ろうと思います。

一月三十一日（火）　悔しいことに

黒い土に根を張り
どぶ水を吸って
なぜきれいに咲けるのだろう
私は
大ぜいの人の愛の中にいて
なぜみにくいことばかり
考えるのだろう

学級だよりの「太陽の子」で、星野富弘さんのこの詩（注）を知ったとき、どうしてもわからないことがありました。

「え〜、ちょっとわかんないよ、この詩。星野さん、みにくいことなんて考えていないじゃないの。だって、こんなすごい詩画集がかけるじゃない。」

最初はこう思っていました。そのときは、自分で自分を責めるなんてことをしていなかったから、星野さんの気持ちがわからなかったんです。

でも、今日はわかります。自分で自分を思いっきり、責めて責めて責めまくりたいです。今、ガツンと力いっぱいのゲンコツでなぐられたような気分です。

先生の期待とか、友達の夢とか、その他いっぱい、みんなは私に何かをしてくれる。なのに自分は大きくなるどころか、弱気で小さくなって、陰でコソコソしている。

もっとマジになれっ、もっと一生懸命やれっ、私の夢はでっかいぞ！

星野さんは灰谷さんに似ているね。『兎の眼』に出てくる鉄三たちは、見かけは汚いけれど、そんなこと気にしていない。だけど、私は見かけばかり気にして、中身をつくろうとしていない。そこがいけないんだと、二人はずっといっていたんだね。

悔しいことに、私より大きい人が、どんどん増えていく。

でも、いつか私も大きい人の中に入っていくからね。


（注：「はなしょうぶ」『風の旅』所収）

三月一日（水）　中学へ

今の私たち、カメッ子先輩と同じ立場にいるわけです。カメっ子たちが、六年生で、あと一カ月で卒業だぞっていう時、中学は決していい学校ではなく、イジメもあって、中学へ進むことを不安がっていた。そして、私たち太陽の子も、先輩たちと同じように、今日、中学の話を聞きました。

私、カメっ子たちを追い越したいです。だから、先生の話を聞いていた時、ずっと思っていたんです。

「中学へ行くのは私たちだよ。それから、中学をつくるのも私たちなんだから！」

不安がないわけじゃありません。でも、それよりも自分をどれだけ試せるかと思うと、不安なんかどっか行っちゃうんです。

でも、その前に、「最高のクラスをつくる！」これが第一歩です。

三月十九日（日）　解散式

六年生を送る会では、がまんできたのに、どうして今日はだめだったのかなあ。

みんな、ごめんね。あたしが泣いたおかげで、「翼をください」ちょっとこわれちゃったね。でも、それでも、あのときのあたしは、がまんできなかった。自分でも「こんなときに泣くなんてガキンチョみたい」と思ったけど、やっぱりだめだった。

でも、これだけははっきり覚えている。空気のことで。
あたしは、あんな空気を「いい空気」というんだと思う。し〜んとして、空気がぴしっと張りつめていて、誰の目も真剣で。あたしは、その空気にまけてしまった。
S君のお母さんがハンカチに目を当てているのが見え、A君とHさんのお母さんが涙ぐんでいるのが見えた。とってもうれしかった。

三月二十二日（卒業式前日）　最後の日記

先生へ
先生、今まで、ありがとうね。

この子は、卒業詩集「てだのふあ」に「太陽の子」と題する詩を載せている。

太陽の子

「太陽の子。知ってる？
なんだ知らないの。
とってもいい言葉なのに。」
私が中学生になったら、
きっとこう言おう。
そして、

友だちをつくって
親友をつくって
太陽の子の意味を教えてあげる。
私たちの太陽の子を見せてあげる。
そして、
太陽の子を三十五人から三十六人に増やすの。
そこにTちゃんも加えて、三十六人から三十七人に増やすの。

太陽の子が今よりずっと増えたら、
私の夢がかなったら、
灰谷さんと谷川さんに
「二人でかくした宝物、もうすぐ見つかりそう!」って
声を大にしてさけんであげる。

「太陽の子、知ってる?」
「もちろんっ。」

太陽の子　No.500　さよなら　（一九八九年三月二十四日）

最後のときがきました。

　出会いがあるから、この人生は　すばらしく
　別れがあるから、この人生は　美しい

一年前の春の日、みんなと出会った。

その前夜、これから出会うみんなを思い、心がドキドキとはずみました。

そして、「太陽の子」の一枚目を書きました。

あれから一年がたちます。信じられないほどのはやさで、時間がすぎさってしまいました。

今日、最後の日です。今、最後の「太陽の子」を書いています。

みんなは、いつも前を向いてきました。

　春の毎日を　必死に前を向いて。

　夏の毎日を　必死に前を向いて。

　秋の毎日を　必死に前を向いて。

　冬の毎日を　必死に前を向いて。

みんなは、目標を立てました。

〝最高のクラス集団をつくる。〟

みんなは、いつも必死に前を向いて、歩いてきました。

毎日が、自分との闘いの日々であり、目標への挑戦の日々でした。
最後のときがきました。
その闘いも今日で終わります。

てだのふあたち。
みんなは、〝最高〟の子どもたちでした。
みんなのつくったクラスは、〝最高〟の集団でした。
センセイは、みんなを、みんなのつくりあげたクラス集団を認めます。

昨夜、教室で一人いました。
流れおちる涙をとめることができませんでした。
今日の別れのときから、逃げたくて仕方がありませんでした。
けれど。
最後のときがきました。みんなの旅立ちのときです。新しい世界へ旅立つ日です。
精一杯、笑って、みんなを見送ります。

てだのふあたち。
センセイのてだのふあたち。
センセイの三十五人のてだのふあたち。しっかりといきなさい。
この一年間、みんながセンセイに残してくれたものを忘れません。
ありがとう。みんなを心から好きでした。

さようなら、太陽《てだ》の子《ふあ》たち。

●第1話 （太陽の子 No.211 一九八八年九月六日）

以前、まだみんなに出会ったばかりの頃、シルクロードの話をしました。その後、何度か、また続きをしてやると約束したのですが、まだ果たしていません。そこで、「太陽の子」に書いていくことにします。ずっと以前、別のところで書いた原稿があるので、それをもとにして書きます。長い〝話〟になるはずです。

センセイがシルクロードへ行ったのは、八年前、一九八〇年のことです。シルクロードといっても、ガンダーラとよばれていた街を訪れただけですが、一生忘れることのできない旅でした。センセイが、二十二歳のときのことです。

センセイのシルクロードへの夢は、十八歳のときに始まります。それから、大学を卒業するまで、その夢は続きました。

十八歳、高校三年生のセンセイから、話そうと思います。

みんなはまだ、十二歳。これからどんどん大きくなります。いろいろな夢を抱いていくことでしょう。どんな小さな夢でも、大切にしてほしいと思います。

シルクロードという、ささやかな夢を抱き続けた、センセイの東京での六年間…。十八歳の冬、センセイは高校三年生。大学受験の年です。学校がおもしろくなく、勉強が嫌いで、先生が嫌いでした。

ただ一人、歴史の先生が好きで、その授業だけは真剣に聞いていました。

あと国語は、ぶっつけ本番で何とかなったので、大学へ行こうとしていました。将来、何になりたいなどという希望は全くなく、大学で歴史を勉強したいと、何となく考えていたしょうのない奴でした。

夢はありました。シルクロードを歩くことです。

アフガニスタンの砂漠のドまん中に、ルリ色の湖があります。バンディ・アミールという名の湖。何もない、草も木もない、砂だけの中に、突然あらわれる濃紺色の湖。それを初めてテレビの画面で見たとき、ふるえました。ガンダーラからカイバル峠をこえて、カブール、そこからバーミアンへ、そしてバンディ・アミールへ。

たくさんの人たち、三蔵法師のモデルの玄奘《げんじょう》も、アレクサンダー大王も、ヘディンも通った、そのシルクロードを歩き、バンディ・アミールをこの目で見ることを夢みました。

そのためにも、大学へ進むこと、そこでシルクロードの歴史を学べたらと。

私立大学は、金がかかるので行けない。国立大学なら。もし不合格なら就職するという約束でした。当然のごとく、落ちました。公務員試験に受かっていたので、新潟の面接を受けました。しかし、心は東京にありました。

ワセダに入る。ワセダには、シルクロード史の第一人者の長澤教授がいました。

ワセダの文学部は、歴史と国語と英語で入れてくれます。

親に話しました。

浪人できる余裕がないことはわかっています。

一枚の広告を親に見せました。受験雑誌に入ってきた、新聞社の奨学生の募集の広告でした。

●第2話　（太陽の子　No.212　一九八八年九月六日）

新聞の販売店に住み込みで働くこと。予備校へ通わせてくれること。朝と夜、ごはんが出ること、生活費がもらえること。

つまり、自分の力で大学をめざせることが載っていました。希望にあふれた文で。

親は、最後には許してくれました。

三月の末、その新聞社から、面接に来るようにと、連絡がありました。三月三十日の朝、バッグに着がえだけつめて、東京へ向かいました。その新聞社は、大手町という東京の中心の官庁街に本社がありました。でっかいビルの一室で、担当の人に会い、その場で働くことが決まってしまいました。その日のうちに、販売店に入ることになりました。

すぐ、店長が来るから待っているように言われ、広い部屋のすみの机に座って待っていました。

窓の外は、むかいのビルの窓だけが見え、だんだん暗くなっていく中で、ただ、さみしさだけがつのりました。なかなか店長が来ず、ボケーッとしていると、パックの牛乳とバナナを一本食べるように出してくれました。なぜか、そのことをはっきり覚えています。

やって来た店長は、すぐに店へ連れていきました。地下鉄と電車をいくつか乗りかえ、練馬という町へ着きました。その間、ほとんど話すことはなく、ただひたすら迷子にならないように、店長のあとをついていきました。

練馬の新聞販売店は、二階だてのこぎたないたてもので、すぐ前を6車線の国道が通り、深夜もトラックがゴーゴーうなる恐ろしい環境にありました。その日が、記念すべき上京第一日目。

親に、ふとんを送ってくれるように電話しました。

翌朝から三時起きで、配達の仕事を覚えなければなりません。

その夜、二階の小さな部屋で一人で眠りました。借りたふとんは、せんべいぶとんで、顔のあたるところにタオルをしてねました。

外からは、ほんのすぐそばを走るトラックのすさまじい音がひっきりなしで聞こえ、なかなかねつかれませんでした。あの夜の、どうなるんだろうという孤独感とさみしさは、しみついてはなれません。

この日からまる一年、翌年の春まで、家へは帰りませんでした。

予備校は池袋にしました。しかし、わずか一週間で、授業へ出るのはやめました。

一つめの理由は、三十分もすると、必ず眠ってしまうこと。いねむりなんてものではなく、本当にグッスリ教室の机の上で眠ってしまう。

二つめの理由は、他の予備校生へのねたみ。彼らはいきいきと見えました。授業を楽しそうに受け、休み時間には楽しそうに話していました。

こっちは、ひたすら天気ばかり気にしていました。もし、雨が降ってくると、配達は何倍もつらくなるのです。授業が終わると、夕刊の時間です。

楽しそうに笑っているのを見ると、ムシャクシャして、「コノ！」と思いました。全くのひがみです。

仕事は、朝三時間半ほどの配達、夕方二時間半ほどの配達。

夜は、チラシ入れ。月の後半からは、集金。二五〇軒ほどが担当でした。

自転車こいで、何時間も走り通しの毎日だったので、体はすこぶる健康でした。足の太ももは、パンパンにはっていました。ちょうど競輪の選手のようなももをしていました。朝もドンブリでご飯を食べました。

週に一度、休みがもらえ、住み込み二食付きで、別に四万ほど給料がありました。

●第3話　（太陽の子　No.213　一九八八年九月六日）

春には、同じように地方から出て来た奨学生が何人かいました。北海道、熊本、長野、富山、新潟と、いろいろでした。自分の食器を洗うのも初めて、洗たくをするのも初めて。酒もタバコもパチンコも、その他もろもろの大人の世界も、いろんなことを知りました。

勉強もやりました。ふとんの中で眠るのは、毎日四時間ぐらいでした。

予備校の授業は出ませんでしたが、模試だけは受けました。アイツラに負けてたまるかという気持ちはありました。上位の成績で、名前がよくはられました。

東京での一年目の秋、十九歳になっていました。

元旦の、初日の出を配達の途中、見ました。元旦から参考書を開きました。

入学試験の日も、朝は配達でした。試験のまっさい中に突然、鼻血が出てきてまいりましたが。

文学部の発表の日、合格者の掲示板に、番号を見つけたときは、うれしかったです。

店で一緒にやってきた仲間たちは、この春でバラバラになりました。何人かはダメで、家へ戻りました。その荷造りを手伝いながら、一言も話ができませんでした。

一緒に上京し、一緒に働き、一緒にメシを食べ、大学へ入れたらの夢を語ってきたのに……。一人、また一人と、去って行きました。努力するものは、すべてむくわれるという言葉をうらみました。

店には、浪人しているもの以外にも、いろんな人が働いていました。

〝専業さん〟と呼ばれるその人たちは、みんなどこか変わって見えました。

年配のその人たちは、何も知らないウブなセンセイたちに、いろんなことを教えてくれました。

大人の世界のキタナサもイヤラシサも見せてくれました。（その頃は、そのたびに頭にきていましたが。）

気恥ずかしいことを書きますが、その一年であじさいの花が好きになりました。東京の梅雨は、ウットウシイ時節であり、雨が降る音を聞くたびに、体中の力がぬけました。

雨の日の配達は、雨ガッパを着て、長グツをはいて、ゴムのつばひろの帽子をかぶります。一部一部、新聞をぬらさないように気を配らなければなりません。

すぐに、長グツの中は水がたまり、音を立てました。それでも走らねばなりません。遅配は、競争相手の新聞社の多い東京では、致命的なのです。すぐに止められてしまいます。すると、店長ににらまれる。

三時間半の時間がさらにのびる。体がクタクタになる。

何で、こんなことをしなきゃならんのかと、イヤになる。やめたいと思う。

そんなとき、あじさいの花が、すごくきれいに見えました。

雨の中で庭に咲いているあじさいの色が、しみました。勇気づけられました。

あれから、少し大人になり、少し社会をみるにつれて、働くことのきびしさを知っていきました。

しかし、十九歳のセンセイには、精一杯の一年でした。

入学式の日は、一日仕事でした。

それから、まもなく練馬の店を出ました。多くはありませんでしたが、親が金を送ってくれ、奨学金とアルバイトで、生活できることになったのです。

高円寺に三畳一間のアパートを借り、新しい生活が始まりました。

●第4話 （太陽の子 No.219 一九八八年九月十日）

大学へ入り、昼は講義、夜はアルバイトの生活が始まりました。長い休みになると、一人で旅に出ました。いつもバックパック（リュックサックに金属のフレームのついたもの）にねぶくろをつけて出かけました。どこへ出かけるにも計画を立てたことはありません。周遊券という切符とわずかなお金を持って、そのお金がなくなるまでさまようのです。

初めての旅は、一年の夏の北海道。

上野から夜行に乗り、函館、札幌、稚内、そこから船で礼文島。網走、釧路、根室、襟裳《えりも》岬。観光地はほとんど寄りませんでしたが、北海道中を歩きました。半月ほどの間に、旅館に泊まったのは二日だけ。あとは、駅の待合室か夜汽車の中などで眠りました。

礼文島で会ったおじいさんのこと。一緒に島の西海岸を縦断している途中、日が暮れてしまい、小さな入り江にたった四軒、ポツンとたっていた漁師の家に泊めてもらいました。そこで食べたとれたてのでっかいアワビが硬かったことを思い出します。礼文島の西海岸は、絶壁が続き、その下を岩伝いに道が通っています。人がやっと歩ける道です。

夜、漁師の夫婦と話しました。よくこんなところに住んでいられるなどと聞いたら、ここが生まれたところだから、そんなに簡単に離れられないと話してくれたことを印象深く覚えています。

その夜は、おじいさんとふとんを並べて眠りました。潮騒を聞きながら。

おじいさんと出会ったのは、礼文島に上がった日の昼でした。

礼文島は、日本最北端の島であり、センセイはその島の最北の岬へ向かって歩いていました。その途中で、何気なく話を交わしたのがきっかけで、一緒に西海岸を縦断することにしたのです。旭川の人でした。

日が傾きかけた海は、銀のウロコが一面にサワサワと揺れ動いているかのように見えました。息をのむ美しさでした。

翌朝、のぼってくる太陽の光の中、波しぶきを頭からあびながらコンブを採る人たちが輝いて見えました。いつまでもじっと見ていました。

センセイは、昼の船で稚内へ戻りました。おじいさんは、隣の利尻島へ渡るのです。おじいさんは、センセイのことを、なぜか「センセイ」と呼んでいました。

「センセイ、旭川の私の家へいつか寄ってくれ。」そう言って住所を教えてくれ、深々と頭を下げられました。

港から出ていくセンセイの船を、おじいさんはいつまでも見送ってくれました。センセイが手をふるたびに、おじいさんはおじぎをされる。何度も何度もくり返すその姿は次第に小さくなり、やがて見えなくなりました。それっきり、もう二度と会うことはありませんでした。


初めての一人旅で、多くの人と出会い、多くの心が揺すぶられる風景に出会いました。旅は多くのことを教えてくれました。

秋には、東海道をゆっくり西上し、奈良の飛鳥まで旅しました。

冬には、また北海道へ向かい、流氷のオホーツク海を見ました。

春には、沖縄まで船で行き、さらに南へ下り、石垣島、さらに小船で、サンゴしょうの小さな島、竹富島へ渡りました。ルリ色の海に感動しました。そのあとは鹿児島に上陸し、熊本、長崎、福岡と九州をのぼり、瀬戸内海を通って新潟へ帰ってきました。

二度目の夏には、東北をまわりながら、みたび北海道へ。

二十歳《はたち》の一年、センセイは日本中をさまよい歩いていました。

●第5話（太陽の子　No.228　一九八八年九月二十一日）

自分が信じられなくなったら、人が信じられなくなったら、読んでみてください。

センセイは、自分が大キライです。ときには、クタバッチマエと自分をののしることがあります。

でも。

でも、自分が大事です。いつも結局は、〝明日こそ〟と、小さくファイト！　です。

センセイが二十歳《はたち》のとき、かわいがってくれた隣の先輩が、自分で自分の命を絶ちました。もうすぐ大学を卒業する冬の終わりの頃です。ガス自殺でした。

死んだら終わりで、何で、と思いました。心のどこかで、弱い人だったんだと思いました。

センセイが二十三歳のとき、親友と呼べる仲間の一人が手首を切りました。意識不明のまま、病院へ運ばれました、病室で二人きりになり、センセイはひと言もしゃべれませんでした。その男の気持ちが痛いほどわかったからです。弱いからとは思いませんでした。その男は今、小説家になろうと東京で頑張っています。雑誌にときどき書いたものが載ります。おととしの秋、結婚式で会いました。元気でした。「ニヘイ、コノヤロ、センセイガンバッテッカ。」と。

自分の強さを信じてうたがわない人っているのかと思っています。みんな、ホントは、弱い自分をもっており、でも、そんな自分を精一杯大切にしようとしているんじゃないかと思うのです。

自分が信じられず、人が信じられず、生きていることがイヤになることは、誰もがあり、そんなとき、〝みんな、それでも頑張っている。もう一回、小さくファイト〟と。それでもダメな自分でも、もう一回、もっと小さな声で、〝ファイト〟と。

大学で一年先輩の女の人が、センセイに話してくれたことがあります。

東京での生活がすべてイヤになり、生きていることもイヤになり、汽車に乗った。彼女の故郷は鹿児島でした。鹿児島へ戻ろうと決めたのです。

長い時間、汽車に揺られて、ようやく鹿児島が近づきました。朝方でした。汽車の窓から、桜島が見えました。桜島は噴煙をあげていました。

そのとき彼女は、もう一回やり直してみようと、勇気がわいてきました。東京へ戻ろうと思いました。そして、鹿児島の駅に着くと、そのまま家へも寄らず、東京行きの切符を買ったそうです。

その話を、今でもときどき思い出します。彼女はきっと〝ファイト！〟とつぶやいたにちがいありません。

生きていれば必ず、明日への勇気に出会えると思うんです。生きていれば。

自分で自分の命を絶つ、十代のニュースを聞きます。

生き続けてほしいと思います。

センセイが東京で出会った人たち。

センセイに、人生って何だという青っぽいテーマをとことんつきつけた映画監督のタマゴの人は、毎日のように会っていたのに、突然、行方不明。あとで、あきすを重ねて、刑務所へ入っていることを聞きました。でも、思うのです。その人は今、きっと夢を語り、追い続けているだろうって。会って、もう一度飲みたいって。

センセイが出会った人たち、センセイの仲間たち。

みんな完璧な人間なんていなかった。みんな、汚いところをもち、ズルいところをもち、弱いところをもち、イヤらしいところをもち、そして、やさしくて、夢を追っていた、ステキな人たちでした。人を大事にしたいと思うのです。自分を大事にしたいと思うのです。

●第6話　（太陽の子　№229　一九八八年九月二十一日）

大学の一年、二年と、メチャクチャな毎日をすごした。二十歳、二十一歳の頃である。金はとにかくなかった。さまざまなアルバイトをした。

新宿のデパートの女性服売り場。バーゲンセールの要員だったが、ただウロウロしていた。そこで会った若い社員が話してくれた。

「こんな仕事を続ける気はない。オーストラリアへ来年、行くつもりだ。」と、詳しくオーストラリアでの夢を語っていた。

高円寺の喫茶店の皿洗い。ビルの地下にある大きな店だった。そこで、もう一人の男とあらゆるメニューをつくった。コーヒーはやかんで大量につくる。アメリカンはそれにお湯を入れてうすめるだけ。ピラフもミートソースもハンバーグもつくった。それで、金をとっていたのだから、今考えても恐ろしい。

この店で、いろいろな夜の世界を教えられた。

夜の十二時、仕事を終えて、マスターたちとタクシーで新宿へ出て遊んだ。

そんなことをくり返した。

結局、一カ月ほどで、この店をやめた。やとわれマスターだったマスターが、店の金を持って逃げた。競馬の借金で、追われていたと聞いた。二年の終わる、春休みのことである。

無人のビルの夜警。とにかくコワかった。

家庭教師。小学五年生の女の子。週二回で、夕食付二万円。これほど楽でもうかるアルバイトはなかった。八百屋さんで、両親は夜中まで働いていた。お願いして、やめさせてもらった。それから、二度とこのアルバイトだけはやらなかった。

広告のビラはり。弁当売り。CM会社の使い走り…。

普通の日は、大学のそばの学生相手の食堂で、給仕とレジの仕事。この仕事は、一年のときから、四年と半年、続いた。仲間と二人交代で働いた。マスターと奥さんは、自分の子どものようにかわいがってくれた。結婚式にも来てくれた。

アルバイトは、たくさんの人に出会わせてくれた。

ただ、いつでもやめられた。こんな仕事をやっていられないと思えばやめられた。中学の仲間たちは、ほとんどが働いていた。生活をかけて、働いていた。

〝やめたい〟とこぼしながら東京で働くやつらに、いつもひけめを感じ、それをごまかしていた。本当の労働とはつらいものなのだと、おぼろげながら思った。

大学の授業は、まともに出なかった。つまらない授業はひたすらさぼり、出たい授業はしっかり聞いた。

一年、二年は教養クラスで、専門は三年から始まる。

クラスの仲間もセンセイと同様に、フマジメきわまった。そろそろ出ておかないと単位がもらえない授業に久しぶりに顔を出すと、「マージャンするのに一人たりない。」ここでセンセイは、決してことわらない。ホイホイとジャン荘に向かう。

一年、二年のクラスの男たちのほとんどが多くの単位を落とし、半数が留年して三年の専門クラスに進めなかった。ひどいクラスだったが、おもしろかった。

田中小実昌という直木賞をもらった小説家の娘も同じクラスにいた。よく授業をさぼって、一緒にマージャンをした。この間、本屋で彼女が書いた本を見た。

センセイは多くの単位を落としながら、かろうじて留年はさけられた。

そして、三年生。シルクロード史を学ぶため、東洋史学科に進む。

●第7話　（太陽の子　No.242　一九八八年九月三十日）

確かに金はなく、こぎたなく、メチャクチャな日々でした。酒を飲み歩き、本をむさぼり読み、日本中をさまよい歩いていた時代《とき》。

センセイにとって、輝ける時代《とき》だったのかもしれません。この世にこわいものは、何一つありませんでした。そして、シルクロード。

大学三年になったセンセイは、東洋史学科のクラスに進みました。

大学には、歴史を学べるクラスが三つあります。日本史、西洋史、そして東洋史です。ふつうの学生は日本史か西洋史へ入ります。東洋史へやってきたのは、ふつうの学生たちではありませんでした。

東洋史は四十人足らずの小さなクラス、と言っても実際大学へ顔を出したのは三十人ぐらいでしょうか。あとの十人ぐらいは一応、名前だけの同級生。

進んで東洋史へ入ってきたものたちは、それぞれに夢をもっていました。

タイの歴史を学ぼうとやってきた女《ひと》。インドネシアの踊りにひかれて、やってきた男《ヤツ》。琉球（昔の沖縄）の歴史を調べている男。韓国の古墳を研究している男。中央アジアのすでに滅んだ国を調査したいという女。モンゴルの歴史をやりたいという男。

とくに変わっていたのは、アステカ文明の男。北海道からやってきて、アステカを調べたいのに、西洋史では扱ってくれない、仕方なしに東洋史へやってきたということ。もちろん、東洋史のクラスにも、そんなことを研究している教授はいませんが。

そして、シルクロードをやりたいセンセイたち。

東洋史のクラスには、シルクロードの研究の第一人者である長澤教授がいました。

すでに多くの本を出していましたし、NHKの番組「シルクロード」でも、現地へ行って、一緒に取材していました。テレビの市民大学講座でも、講師をやっていました。

センセイにとって、言わばあこがれの人でした。その長澤教授の下で勉強できるということで、心が燃えました。

センセイがやりたかったのは「ガラス」です。ルリと呼ばれ、はるか地中海から中国へ、そして日本へラクダに背負われ運ばれてきたガラス。その歴史を研究することがすべてでした。

あのアフガニスタンの砂漠のドまん中にあるバンディ・アミール。そのルリ色を見たときの感動が、センセイの二十歳《はたち》の頃を決めてしまったのです。

長澤先生に何を研究するのかと聞かれ、「ガラスです。」と答えたら、「史料が少ないからな。」とシブイ顔をされたことを覚えています。

けれど、センセイには、シルクロードのルリ(ガラス)以外にはありませんでした。

そのために、東洋史へ入ってきたのですから。

東洋史へ入ってから、大学の講義にも、よく出るようになりました。

多くの本を読み、ペルシア語の専門学校へも、夜、通い始めました。

センセイには、夢がありました。

シルクロードを、この足で歩くこと。

バンディ・アミールのルリ色の湖を、この目で見ること。

東洋史の教室へ通いながら、心はすでに、シルクロードに、バンディ・アミールに飛んでいました。

センセイ、その頃、二十一歳。

●第8話（太陽の子　No.261　一九八八年十月七日）

東洋史の教室で一緒に学んだ仲間たちは、日本各地から集まってきたものたちでした。前にも書きましたが、どの仲間たちもみな変わっていました。

また、東洋史の仲間に限らず、センセイの周囲に集まるのは、だいたい少し変わっていましたが。

今、センセイの部屋には、たくさんの本があります。かぞえたことはありませんが、千冊はこえているでしょう。その半分は、学生の頃に読んだものです。

長い休みのアルバイトは旅の資金にし、ふだんのアルバイトの金は、ほとんど本と酒でなくなっていました。いつも、とにかく金がなかったのは確かです。

大学一、二年の頃の仲間たちは、授業へ出ないで本を読んでいました。たまに授業へ出ても、堂々と自分の好きな本を読んでいました。その仲間たちから、本を読むことを教えられました。

二年の頃は、とりつかれたように本を読みました。安い文庫や新書を乱読しました。長い本は、何時間でも続けて読み、気がつくと夜が明けていることもよくありました。

本は、多くのことを教えました。今まで知らなかった世界を教えました。

昨年の冬、NHKの「授業」という番組で、作家の井上ひさしが母校で国語の授業をしていました。その中で、井上ひさしが言いました。「ぜひ、みなさんに本を読んでほしい。私は、みなさんのような子どもの頃、本を読まなかったことを、ものすごく後悔している。だから、そのことをみなさんに伝えたくて、今日ここへやってきました。」と話している。わかるような気がしました。

本を読むということは、多くの人生を知ることです。多くの人の思いを知ることです。多くの未知の世界を知ることです。自分という存在をアワのようで、それでいて宇宙のように感じさせます。

それまで、二十歳《はたち》になるまで、本を読まずにいた自分が、ものすごく損をしたと思っています。今、センセイは三十一歳。夜、ねる前に本を開かなければ眠れない中毒にかかっています。いい本にたまに出会うと、〝幸せ〟を感じます。（もちろん、マンガも含めて。）

いい本は、本当に、めったに出会いませんが。

話がだいぶ、それました。東洋史の仲間たち。彼らは、それぞれの夢に向かって進んでいました。

タイの歴史を学ぼうとする女《ひと》は、タイへ女二人で出かけていった。インドネシアへ、踊りを調べに旅立つ男。韓国の古墳の調査に、ソウルの知り合いを訪ねて行った男。すでに何度も、沖縄を訪ねた男。

センセイは。センセイのシルクロードは遠い。

金をためることができませんでした。

もとより、親の世話で行く気にはなれない。自分の力で金をつくらなければならない。センセイは、酒を飲むとよく語りました。

「シルクロードへ行くぞ！　バンディ・アミールをこの眼で見るぞ！」

夢を語り、夢を見ることで満足していたのかもしれません。

東洋史へ入ってから最初の夏休み。三年の夏です。

金はろくにたまらずに、終わろうとしていました。

四年になれば、論文のまとめをしなければなりません。最後のチャンスは、三年の終わる春休みです。そのためには、三年の夏休みにまとまった金をつくらなければならなかったのです。

●第9話（太陽の子No.266　一九八八年十月十三日）

この頃、毎日のように清掃の時間になると、喜多郎の「シルクロード」の音楽が流れています。NHKの番組のテーマとなった曲です。かつて、この曲は、センセイにとって、魂をゆすぶるような曲でした。今でも、心の奥底がうずきます。はるか地中海から多くの山を越え、砂漠を越え、中国まで続いていた道。東から絹が、西からガラスが、ラクダの背にゆられて運ばれた道。シルクロード。

一九七九年、センセイが東洋史学科へ進んだ、大学三年の年。シルクロードへ行くという夢を果たすには、大学三年の終わる春休みが最後のチャンスでした。そのためには、夏休みに旅の資金をアルバイトでかせがなくてはいけない。四十万円は必要でした。けれども、ろくに金はたまらず、夏は終わろうとしていました。

センセイの親友の一人、同じ文学部の国文学で学び、今は新潟の中学で国語の先生をしている男。大学一年から同じ高円寺で部屋を借りていました。センセイの学生時代を共にすごしてきた親友です。その男は、剣道部でした。ワセダの剣道部は強かった。その男は高校時代はキャプテンをしていましたが、ワセダでは一度も公式試合に出れませんでした。

夏、合宿から帰ってきたその男は、部屋で寝ていました。訪ねていったセンセイにそいつは言いました。

「ションベン、まっ赤だぜ。まいったぜ。」

その男は四年間、一度も選手になれませんでしたが、剣道を続けました。

酒を飲んでいるとき、そいつが言いました。

「おまえ、行けよ。シルクロードへ行ってこいよ。男だぜ。」

夕方五時から十時半までは、食堂で働けます。昼間は、大学の授業です。朝しかありません。浪人の頃やった新聞配達は、夕刊があるのでダメ。

牛乳配達！　八月の末、アルバイト情報誌に載った明治牛乳の販売店を訪ねました。

不安がありました。「長期、求む。」

センセイは、春、旅立つ計画でした。九月から働いて二月末まで、半年間しか働けません。店長に、ありのままに話しました。

店長は言いました。「ロマンがあっていい。働きなさい。」

九月に入り、すさまじい生活が始まりました。

朝四時に起きて、バイクをとばし、七時過ぎまで牛乳配達。

昼間は大学へ行って、夕方五時から食堂でバイト。

部屋へ着くと、十一時を過ぎています。五時間後には、牛乳を配らなければならない。

東京の冬は、雪が降りませんが、寒いのです。

早朝の暗い中をバイクで走ると、体の芯まで凍える。

雨の日が毎日のように続いたことがありました。朝、めざめて雨の音を聞いたときの、あの、まっくろな気持ち。今でも忘れられない。

そんなとき、ヤケクソになって、歌を口ずさみました。「みやこのせいほく　ワセダの森に　そびゆるいらかは　われらがぼこう…。」ワセダの校歌です。今でもムシャクシャすると、車を運転しながら、どなってうたいます。不思議に勇気づけられます。

めざすは、シルクロード。アフガニスタンの湖、バンディ・アミール。一九七九年、八年前の冬。

●夢の話

（太陽の子　No.269　一九八八年十月十五日）


先生、今日の太陽の子も、夢の話でしたね。

もう九話までいっちゃって、とってもはやいなあって思います。

先生は、シルクロードへ行くことが夢だったんだけど、そういうのっていいなあと思います。

シルクロードのことはわからないけど、先生がとっても夢中になっているのを読んでいると、私も行きたくなってしまいます。シルクロードを歩いてみたくなります。

先生は、なぜ先生になったんですか。

シルクロードを歩いたのだから、論文とかを出してたら、えらい人になったかもしれないのに。

シルクロードへ行くために、牛乳配達とかのアルバイトをいっしょうけんめいやったのに。

私は、先生が新聞配達している太陽の子を読んで、先生がとても大きな人に思えました。

だから、そんなに苦労したのに、なんで学校の先生になったのかなと思います。

もし学校の先生になっていなかったら、今ごろ先生は、どこで何をしていたんでしょうね。

私たちが先生に出会わなかったら、今、こうやって日記を書いてなかったんです。

不思議ですね。

先生と出会ったことで、本にも出会って、いろんな感動にも出会いました。

こういうのも奇跡というのですか。

A君の詩を思い出します。

私も、先生みたいな夢をもってみたいです。そして、先生みたいに、その夢をぜったい果たしたいです。

日記　十月十四日

●第10話　(太陽の子　No.289　一九八八年十月二十九日)

希望《ゆめ》をいだいて生きている人がいます。そんな人が、すきです。

他人から見れば、ちっぽけな夢、ささやかな夢、アホくさい夢だけれど、意地になって、ムキになって、夢中になって、その夢を追いかけている人がすきです。〝誰もが夢をかなえられるほど、世の中はうまくはいかない。どれだけ、挫折のほうが多いことか。だから、ユメはユメなのだ。〟

けれど、思うのです。一生懸命、自分の思いを込めて、やれるだけやって、挫折しか残らないことなどない。

確かに初めに求めた夢は、かたちとして実現しないかもしれない。でも、一つの夢を追い続けていく過程で、さらにいろいろな夢が生まれてくる。一つの夢をずっと追い続けられるということは、その過程で、いろいろな夢を実現してきたからこそなのだと。

だから、希望《ゆめ》をいだいて生きている人が、すきです。

てだのふあたちへ。あえて言います。

一生懸命、自分の想いを込めて、やるだけやって、かなわない夢はない。

ただ一つ。人は一人きりでは生きていけません。自分の夢をわかってくれる、自分を信じて支えてくれる仲間が必要です。たった一人の仲間でもいいから。

二十歳《はたち》の頃に、センセイが追い求めた夢はたった一つでした。

シルクロードをこの足で歩くこと、アフガニスタンの砂漠のどまん中にあるルリ色の湖、バンディ・アミールをこの目で見ること。

第9話で、牛乳配達を始めたところまで書きました。一九七九年の冬のことです。旅立つための金は、少しずつですが、確かにたまっていきました。毎日は、目がまわるほどに忙しく、体も疲れ切っていましたが、心は熱くなっていました。必ず旅に出れる！もしバンディ・アミールを目の前にしたら、何を感じるだろうと思ったら、涙が出てきたことを思い出します。

そんなセンセイを励ましてくれる人たちがいました。

食堂のマスターと奥さん。大学の講義のあいた時間によく部屋を貸して眠らせてくれました。夜は、バイトを終えると、二度目のごはんを食べさせてくれたので、ほとんど食費はいりませんでした。その後も付き合いは続き、センセイの結婚式にも、はるばるやって来てくれました。

牛乳屋の奥さんも、よく朝ごはんを食べていけと言ってくれました。やさしい人でした。センセイが旅に出ている間、毎朝必ず仏だんにおがんでくれたそうです。

そして、金が無く、こぎたないけれど、センセイの夢をわかってくれた仲間たち。

一九七九年の十二月も終わる頃、アフガニスタンの大使館をたずねました。大使館は、立派な建物がふつうです。イギリス大使館もアメリカ合衆国の大使館もでっかい。インド大使館もステキでした。

アフガニスタン大使館へ行って、ビザをもらわなくてはいけません。ビザというのは、入国してもいいですよという許可証です。ビザがなければ、アフガニスタンに入れません。ビザをもらうために、原宿というまちの住所をたずねていっても、大使館らしきものがない。やっと見つけて驚きました。雑居ビルの一室のとびらに「アフガニスタン大使館」と書かれていたのです。たった一つの部屋の小さな小さな大使館。けれど、たずねていったセンセイを、大使館の人たちは、心から歓迎してくれました。しかし…。

十二月二十七日、アフガニスタンで、戦争が始まります。

●夢の話　（太陽の子　No.347　一九八八年十二月七日）

今日、太陽の子のPARTIを読んでいたら、〝夢の話〟のことがのっていました。ほんというと、ふと忘れかけていました。

夢の話の日記を書くのは、たぶんこれで三回目だと思います。

自分は、まだアフガニスタンへ行っていない先生のように、この〝太陽の子〟といっしょに夢を追いかけていたような気がします。

第10話で、せっかくアフガニスタンへ行けるというのに、「戦争が始まります。」で終わっていますね。

自分は、早くこの続きが読みたいです。

むがむちゅうで、戦争中にも行ったか？

それとも、がまんして戦争が終わってから行ったか？

そこが知りたいです。予想では、先生は、戦争中でも行った感じがします。

夢を追い続けた先生は、一秒でも早く、〝アフガニスタン〟へ行きたいという気持ちでいっぱいで、旅立ったような感じがします。

第10話に、旅に出てから「毎朝必ず仏だんにおがんでくれました。」と書いてあるということもあるけど。本当に先生がうらやましいです。夢がかなったということもあるけど、それをわかってくれた仲間たちがあったということです。

ほんとうに自分にはうらやましいです。

自分にも、そんなに思ってくれる仲間がほしいです。

自分にも、もう一個、夢ができたんです。

オーストラリアよりも先の夢。

十六歳の夢。

ぜったいぜったいかなえたい夢。

N子ちゃんと同じように、自分自身の夢。

内容は、はずかしいから言いませんが。


夢の話、第11話。早くのせてください。

自分は、待ってるんだから。

先生、なるべく早くですよ。


〝夢の話〟第10話まで載せました。

センセイが二十歳《はたち》の頃、追い続けた夢。

アフガニスタンへは、結局は入れませんでした。

戦争のためです。

アフガニスタンとの国境の街、ペシャワールまでたどり着きましたが。

ペシャワール。孫悟空《そんごくう》たちがめざした天竺《てんじく》、ガンダーラです。

アレクサンダー大王や中国の僧やたくさんの人々が通り、絹が西へ、ガラスが東へ運ばれたシルクロードの街です。

東南アジアのタイからインドへ、そしてパキスタン、ガンダーラ。

一カ月にわたる一人きりの放浪の旅。

その話を№三五〇から、載せることにします。「夢の話」第11話として。

●第11話　（太陽の子　No.350　一九八八年十二月八日）

八日のニュースで、アメリカ合衆国とソ連のナンバーワンの友好的な様子を伝えていました。世界が平和に向けて大きく動き出している、そう信じたいです。

センセイの夢、ルリ色の湖バンディ・アミールは、アフガニスタンにあります。

アフガニスタンは、小さな貧しい国です。これといった産業もなく、おとずれる観光客もほとんどいません。そんな自分の国に行こうとするセンセイを、大使館の人たちはあたたかく迎えてくれました。

さて、アフガン（アフガニスタンのこと）の大使館で、正月が明けたら再び来るように言われました。

年末年始は、アルバイトの牛乳配達も休みです。新潟へ帰って、正月を迎えることにしました。

ところが、十二月二十七日。新聞の第一面に、大きな活字と写真。

アフガンで、戦争が起こったのです。

年が明けて、原宿にあるアフガン大使館へ行きました。雑居ビルの一室の小さな大使館。その部屋のドアにかけられていた表札ははずされていました。そして、カギがかけられていました。新しくできた臨時政府を日本が認めないため、国交は中断されたと、あとで知りました。

小さな国、アフガンの大使館の人たちは、その後、どうしたのでしょうか。

アフガンへの夢、バンディ・アミールへの夢は、断たれました。

センセイの旅の計画を知っていた親たちは、ホッとした様子でした。

遠い外国へ、一人で出かけることに不安をつのらせていたのです。

けれど、旅立つことをあきらめる気には、どうしてもなれませんでした。


アフガンに入れなくても、せめてパキスタンに入り、アフガンの国境まで。

しかし、連日のニュースは、パキスタンにも戦火が広がる恐れを伝えていました。

パキスタンに入れなくても、せめてインドまで。

アフガンの西の隣国、イランでは革命のまっさい中であり、戦いが続いていました。

まさに、激動のときを西南アジアはむかえていたのです。


インドへの飛行機チケットを探しました。まともな飛行機に乗れれば、それだけで旅費のすべてがなくなります。安いチケットを探さなくてはいけません。前にインドを旅行した仲間の紹介で、旅行代理店をたずねました。みるからにウサンくさい会社でしたが、信用するしかありません。

手に入れたチケットは、エジプト航空でタイのバンコクまで飛び、そこからインドのニューデリーまでタイ航空で飛ぶというものでした。三日がかりの乗りつぎでしたが、格安でした。

インドの情報も集めました。言葉もろくにしゃべれません。知人も一人もいません。向こうへ行ったら、毎日の宿探しから、移動の切符買いからすべてやらなければ、いけません。

インドでは、コレラをはじめ、あらゆる病気が蔓延《まんえん》していることから、特別の予防接種もしました。もち金のすべてをドルにかえました。

一九七九年二月、アフガンの戦火をのがれて、パキスタンに難民があふれているという報道が伝わる中、旅立ちの日が近づきました。

●第12話　（太陽の子　No.400　一九八九年一月三十一日）

今、目の前に一冊の日記帳と一冊の手帳があります。

ガンダーラの旅の途中で、つづられたものです。

一カ月のさまよいの一人旅。今も、鮮烈な思い出として、心の中にあります。


今夜のニュースステーションで、アフガニスタンの現状をレポートしていました。

首都カブールの街の様子の映像も流れました。

戦乱状態に今もあります。

アフガン（アフガニスタン）で戦争が始まって、もう九年。

センセイが成田空港を旅立ったのは、まさに九年前。アフガンで戦争が起きた直後のことでした。

アフガンにある砂漠の中のルリ色の湖、バンディ・アミールへ向けての夢。

その夢に一歩でも近づくために、戦乱地域へ旅立ったのです。

成田空港を出発し、フィリピンのマニラ、タイのバンコク、バングラディシュのダッカを経由して、インドのニューデリーへ。

インドの北に、パキスタンがあります。

その北に、バンディ・アミールのあるアフガンがあります。


旅立つ前の日本のニュースでは、アフガンの戦争が、パキスタンにまで広がりつつあることを伝えていました。

パキスタンのガンダーラという街は、アフガンとの国境近くにあります。

かつて、「西遊記」のモデルである、玄奘《げんじょう》がめざした〝天竺《てんじく》〟とは、このガンダーラです。

このガンダーラで発達した文化が、シルクロードを通って中国、そして日本まで伝わっています。また、ヨーロッパ、ギリシアのアレクサンダー大王も、このガンダーラまで進攻し、西の文化を残しています。

センセイがまだ旅の資金をかせぐために必死だった頃、〝ゴダイゴ〟というグループの「ガンダーラ」という歌がはやりました。

けれど、現実は、国境の街ガンダーラは戦争にさらされていました。

パキスタンに入ることさえ、不可能かもしれない。

しかし、とにかくインドへ。

一九八〇年二月二十七日。

センセイは成田空港から南へ向けて飛び立ちました。

でっかい不安と旅立つ喜びで、胸をふくらませながら。

そのときの格好。

ジーパンにスニーカー。大きなバックパック。シュラフ（ねぶくろ）。

バックパックの中には、着がえに胃腸薬、英和辞典、トイレットペーパー…。

胸には、つるした布袋。そこには、パスポートとドル紙幣がしっかり入っていました。

再び、日本へ戻ってきたのは、それから一カ月後の三月二十五日のことです。

●第13話　（太陽の子　No.480　一九八九年三月二十一日）

一九八〇年の二月末、センセイは成田空港を一人、飛び立ちました。

それから一カ月。言葉はまるっきしわからず、誰一人知人はなく、コレラをはじめ、あらゆる病気が蔓延《まんえん》し、そして戦争のにおい。

毎日の宿は、その日その日、自分で探してまわり、国境も自分で越えました。

地図といえば、インドのガイドブックだけ。明日はどこの町にいるのか、自分でさえわかりませんでした。

けれど、この一カ月の旅は、センセイにとって、生涯忘れることのできないものです。

この旅は、センセイに教えました。

どうにかなるさ。明日は明日の風が吹く。

一冊の旅日記と手帳があります。それと、五年前に書いた旅行記。

それを見ながら、〝夢の話〟を続けます。

てだのふあたち、みんなとの別れの前に、できるだけ、たくさん語ります。

センセイの、まだセンセイでなかった頃、追い続けた〝夢〟の話。

国立博物館が月曜で休館だったので、オールドデリーステーションへ行く。

オールドデリーに入ったとたん、洪水のような人の群れと車、リキシャ、自転車、馬車、バイクの波。恐怖さえも感じた。

駅のホームで、チャイ（紅茶にミルクと砂糖をたっぷり入れたもの）を飲んだあと、不安の中、町の雑踏の中に混じる。

秩序など何もなく、車やバイクが独得のクラクションを鳴らしまくり、その間を人が走りぬけ、馬車がコツコツと通り、リキシャの運ちゃんがどけどけどけと、叫び続ける。

道の中央で、土の色をした男が死んだように横たわり、犬がうずくまっている。幼い少年が、裸足でロバをせかして引いていく…。

無意識のうちに、チャンドニー・チョウクに入り込む。

迷路のような細い路地。その両側に色々な店がゴチャゴチャに並んでいる。どの店でも、店先に数人の男たちが座って、俺をじっと見つめ、あるときは「アロー」と呼びかけ、笑いかける。

裸足の少年たち、美しいサリー姿の女性、土色の建物、土色の人々。

雑踏の先に赤いモスクがあった。あとで、ジャーマー・マスジットと知る。

広々とした敷地と高い尖塔の赤いモスク。

入口までの高い階段の先に座って、下を見おろす。

ゴチャゴチャ。インドへ入って四日、さっぱりわからない。

三月三日　ニューデリーにて。ニューデリーは、インドの首都です。

ここから、北に向かえばパキスタンがあり、さらにその北にアフガニスタンがあります。

ニューデリーで、北から戻ってきた日本人の旅行者に会いました。

〝パキスタンへこれから入ったら、もう戻ってこれないかもしれない。戦争が始まりそうだ。〟

しかし、センセイはすでに、パキスタンのラホール行きの飛行機チケットを買っていました。ニューデリーにあるパキスタン航空会社の人が、だいじょうぶだと言っていたのです。もう、あとにはひけませんでした。なかば、ヤケクソでした。

●第14話　（太陽の子　No.481　一九八九年三月二十一日）

一九八〇年三月五日の夕方、センセイは、押しつぶされそうな不安の中、ニューデリー空港の待合室にいました。もちろん、日本人の姿は全く見られません。

外は雷雨。これから、パキスタンのラホールへ向かう飛行機に乗るのです。ラホールは、パキスタンのインド国境に近い街です。そこにある博物館をみたら、すぐにでもインドへ戻ってくる予定でいました。それ以上、北へ入ることは、あまりにもこわかったのです。

アフガニスタンとの国境の街、ペシャワールでは、すでに戦争状態になっているというウワサでした。

センセイのパスポートを見た役人のおじさんが、パキスタンからインドへ戻ってくるとき、ビザがないといけないと言ったのです。ビザとは、入国許可証のことです。これがないと入国できません。

センセイは持っていませんでした。けれど、そのおじさんは、親切に言ってくれました。

〝ラホールのインドの役所に行けば、すぐに出してくれる。心配いらない。〟

その役所の名前も、紙に書いてくれました。

夕方六時四十五分。センセイを乗せた飛行機は、パキスタンへ向けて飛び立ちました。

小さな飛行機は、すさまじく揺れました。窓から、イナズマのはしるのが見えます。

何度も、死ぬんじゃないかと思いました。ただひたすらに、カミサマ、ホトケサマと祈りました。

ラホール空港に着いたときは、すでに真っ暗でした。

空港について、「ドル」をパキスタンのお金「ルピー」にかえるため、待合室にある両替所に行きました。

その待合室へ入った瞬間、ワーッと集まるパキスタンの人たちの視線。

センセイの姿といったら、髪の毛を肩まで伸ばし、ジーパンはいて、でっかいリュックを背負って、ですから注目されるのもしかたありません。

やっとの思いで両替して、空港の外に出ると、男が一人近寄ってきました。タクシーの運転手です。「どこまで行く？」と聞いてきます。

センセイは、ラホールはもちろん、パキスタンの地図は、全く持っていませんでした。だから、このラホール空港が、町のどの辺にあるのかもわかりません。

けれど、この夜の宿を探さなければなりません。それには、町の中心部へ行くことです。

「駅のあるところまで行きたい。いくらか？」そう、運転手のおじさんに聞きました。おじさんはすぐに、「二十五ルピー」と答えました。センセイはすぐ、「高い。ノー。」

その値段が高いのか安いのか、センセイには、わかるはずがありません。

インドでもパキスタンでも、ほとんどすべての物に、決まったねだんがありません。売り手と買い手の交渉で、ねだんを決めます。タクシーの運賃もやっぱり同じです。

とにかく、最初の値段には、「ノー。高すぎる。」と言わなければ、損をすることになります。

センセイが「高い。」というと、「じゃあ、乗るな。」というような顔で、そのおじさんはどこかへ行ってしまいました。どうやら、二十五ルピーが本当に相場らしいと思い、別のタクシーのおじさんに、「駅までいくらか？」と聞くと、「二十五ルピー。」そのタクシーに乗りました。そのおじさんはとても陽気な人で、いろんなことを話しました。

パキスタンには、ウルドゥー語という国語がありますが、長い間、イギリスに植民地として支配されていたため、だれでも英語をスラスラと話せるのです。センセイの英語は、それはひどいものでしたが。

〝パキスタンの人々は、いい人らしい。〟いくらかホッとしました。

二十五ルピーでは安すぎる距離を走り、駅前へ着くと、安いホテルを探しました。

●第15話　（太陽の子　No.482　一九八九年三月二十一日）

パキスタンでの第一日目の朝が明けました。

今日しなければならないことは、インドへ戻るためのビザをもらいに行くこと。

ビザをもらっておかないと、心配でゆっくり、このラホールの町をまわれません。

ホテルの人に、ニューデリー空港で書いてもらった役所の名前を示し、その場所を教えてもらいました。

急いでそこへ向かい、「インドのビザをください。」

すると、そこにいたインド人の二人の女性は、首を横にふるではありませんか。

「ノー。ここではダメです。イスラマバードのインド大使館でしか、発行しません。」

ガーン！　なんということ。

イスラマバードは、パキスタンの首都。

ここラホールの街から、だいぶ内陸に入ったところ。汽車か飛行機で行かなければいけません。

さらに不幸なことに、翌日、その翌日も、インド大使館は休みということ。

センセイは、ボーゼンと立ちつくすのでありました。


とにかく、少しでも早く、イスラマバードへ入ることにしました。

すぐ、パキスタン国内航空の事務所に走り、イスラマバード行きのチケットを買いました。

その日の午後発の飛行機でした。

ラホールで泊まったホテルは、アジアホテルと言います。

このホテルで働いていた人で、いまでもよく覚えている人が二人います。

一人は、日本でいえば、中学生くらいの男の子。

荷物を運んでくれたり、パンを運んでくれたり、いろいろとしてくれました。

インドでもパキスタンでも、こういう場合、お礼の意味でチップをあげるのが普通です。日本円で十円～二十円くらい。しかし、センセイは貧乏旅行。チップでさえも、できればけちりたい。少年に聞きました。「チップをやりたいんだけど、お金がない。ゆるしてもらえますか?」少年はニコッと笑い、「いらない。かわりにそれがほしい。」彼が指さしたのは、胸ポケットに入れた日本のタバコ。セブンスターでした。箱をさしだすと、その中から、たった一本だけぬきとって、また、ニコッと笑いました。

もう一人は、食堂で働いていた青年。

料理の名は忘れましたが、チャーハンのようなものとチャイを食べていると、そばに寄ってきて、「あなたは、マス・オーヤマを知っていますか?」と聞いてきました。マス・オーヤマ、極真空手の大山倍達のことです。極真会館の支部がラホールにあり、彼もまた、空手を習っているということ。

マス・オーヤマへの手紙を、日本でポストに入れてほしいと頼みにきたのです。ここからでは、郵便代が高いからでした。真剣な顔でした。


最近、たくさんのパキスタンの人々が、日本へ労働者としてやってきています。

彼らパキスタン人にとって、日本はあこがれの豊かな国なのです。

日本の電気製品や自動車が、パキスタンの国中で売られていました。


三月六日の午後、センセイはまたしても大きな不安をかかえ、昨夜降りたばかりのラホール空港へと向かいました。

戦争のまっさい中のアフガニスタンに、さらに近づきました。

●第16話　（太陽の子　No.487　一九八九年三月二十二日）

一九八〇年、三月六日午後、昨夜降りたばかりのラホール空港にて、またセンセイは、一人さびしく飛行機を待っています。インドへ戻るためのビザ（入国許可証）をもらうためにパキスタンの首都イスラマバードへ行こうとしているのです。


一カ月の旅の日々を記録したノート。

三月六日は、実に三回にわたって、このノートに思いを書きつけています。

一回目は、ラホールのアジアホテルにて。

二回目は、イスラマバードへ向かおうとしている、ラホール空港の待合室において。


ラホール空港の待合室にて。

三時五十分のラワルピンディ空港行きに乗ろうとしている。

パキスタニィ（パキスタン人）は好意的だ。

街を歩いていてもすぐ話しかけ、道を聞いても、何人かが集まってきて、わからんウルドゥー語でいろいろとしゃべりまくる。

白いひげのおじいが、ヒロシマを知っていると言った。

この国でも、原爆が話題にのぼるのか。

旅のノートから

さて、ラホール空港の待合室にて、センセイは、放送が鳴るたびに、近くのパキスタン人に話しかけます。

「今のは、ラワルピンディ行きの連絡ですか？」なにしろ、早口の英語でペラペラ放送するものですから、センセイには、何と言っているのかわからない。

出発の時間がだいぶ遅れがちのうえ、いくつかの行き先のちがう飛行機が滑走路にとまっているので、放送を聞きのがしたら、すべてパアです。だから、センセイは真剣なのです。

一人の中年のパキスタン人に「ラワルピンディ行きの飛行機はまだですか?」と聞こうと話しかけても、なかなか通じない。

その人は、ニコッと笑い、「ゆっくり話してください。」もう一度、ゆっくり言ったら、「私もラワルピンディに行きます。まだです。」

そのあと、その人といろいろ話しました。イスラマバードまで、ビザをもらいに行くこと。本当は、ガンダーラ(ペシャワール)まで行きたかったこと。でも、戦争のため行けなくなったこと。そしたら、その男の人は、こう言ったのです。

「ペシャワールは、まだ安全です。私はダム工事の技師をしていて、よくペシャワールへ行きます。だいじょうぶです。」

「えっ、本当ですか!」

「ノー・プロブレム(問題ない)。」


運命なのかもしれない。ラホールの空港で話した人がペシャワールはだいじょうぶと言ってくれたため、ペシャワール行きの切符を買う。

危険だ、無理だと思っていたガンダーラへ今夜、着けるのだ。

何が待ちうけているかわからないが、あたってくだけてみよう。

ラワルピンディ空港にて　6：40PM

旅のノートから

●第17話　（太陽の子　No.488　一九八九年三月二十二日）

みんなは、「西遊記」を知っているでしょう。

孫悟空《そんごくう》と三蔵法師《さんぞうほうし》の旅の話です。彼らが怪物たちと戦いながら、めざしたのは、このガンダーラです。

九年前の三月六日の夜遅く、ガンダーラ（今のペシャワール）の地に立ちました。

ラホール空港で知り合ったおじさんの一言のおかげです。

ラホールからイスラマバードへ。

そしてペシャワールへ。


イスラマバードの空港から飛び立った飛行機は、小さなプロペラ機でした。その中でセンセイの胸は、期待と不安ではちきれそうでした。


小さな小さなペシャワール空港に着き、飛行機を降りようと座席を立ち上がると…「えっ。」。日本人がいたのです。同じ飛行機に。急いで近寄り、声をかけました。

顔はほとんど覚えていませんが、読売新聞の特派員の方でした。

本来はタイのバンコクで特派員の仕事をされているのですが、アフガニスタンでの戦争のため、こっちに来られたのです。アフガニスタンの首都カブールにいる、同じ読売新聞の記者と連絡を取りたいが、カブールに入ることができず、この国境の町、ペシャワールでしばらく待つ、とおっしゃっていました。

空港から街まで、一緒にタクシーに乗り、そのお金を払ってくださいました。日本へ帰ってから、たびたび読売新聞の海外欄で、この人の名前を見ましたが、いつもタイのバンコクの記事でした。あれからアフガニスタンに行かれたのかどうかは、わかりません。センセイがペシャワールを出る前の夜、夕ごはんをおごってくださいました。とてもなつかしい人です。今、どこにおられるのか。

ガンダーラ。今から一五〇〇年ほど前。仏教の都として栄え、ここから西はイラン、ギリシアをこえ、ローマまで、東はヒマラヤの山々をこえ、タクラマカン砂漠をこえ、中国、朝鮮、そして海を渡り日本まで。文化の道、「シルクロード」がのびていたのです。

日本の飛鳥・奈良時代の文化は、このガンダーラの文化と深い関係があります。ガンダーラの空気は、日本に確かに伝わっていました。

ガンダーラ（今のペシャワール）にセンセイは四日間いました。

そこには、おそれていた戦争の気配は少しも感じられない、人々の活気に満ちた生活だけがありました。シルクロードの街だけあり、街の中心に広いバザール（市場）があり、果物やこしょう、麦、じゅうたんなど、あらゆるものが山のように積まれ、さまざまな民族衣しょうを着た人々が行きかいます。その中を大きな袋をかついだロバがゆっくりと歩き、馬車が人を乗せて走り…。

バザールをブラブラあてもなくさまよっていると、何人かの男が寄ってきて、話しかけてきました。「アー・ユー・ジャパニ（おまえは日本人か）？」。センセイがそうだと言うと、ワッとどよめきが上がり、まわりの男たちに「ジャパニ」「ジャパニ」と教えまわります。そして、手まねきして、「カム・オン（こっちへこい）。」。連れて行かれたところは、ちょっと広場のようなところ。そこには、木でできた椅子とテーブルが無造作に並べられてあり、あふれんばかりの人たちが、ワイワイガヤガヤ話しながら、チャイ（紅茶にミルクと砂糖をたっぷり入れたもの）を飲んでいました。つまり、屋根のない野外喫茶店。センセイはそこで〝スター〟でした。

●第18話　（太陽の子　No.489　一九八九年三月二十二日）

シルクロードの街、ガンダーラの人々とのふれあい。

バザール（市場）をうろついていて、突然、連れて行かれた広場…。そこでは、たくさんの男たちがチャイを飲みながら、大きな話し声をたて、ふちのない帽子をかぶった少年たちがそまつなポットとカップを持って、あっちこっちといそがしそうに動きまわっていました。

空は青く、雲は白く、三月初旬のガンダーラは春でした。

男たちは、センセイを椅子に座らせ、少年にチャイを運ばせ、そして飲め、飲めと口をそろえて、すすめます。「サンキュー、サンキュー。」センセイは、一人ひとりにあいそうよくお礼を言って、あまいチャイをおごってもらいました。そのうち、まわりで見ていた人たちがぞろぞろとセンセイたちの方へ寄ってきて、あっという間の人だかり。センセイのテーブルのまわりは人、人、人…。センセイのはめていた時計を見て、「イズ・ジィス・セイコー（それは、セイコーの時計か）？」「ハウ・マッチ（いくらか）？」。「ドゥ・ユー・ノー・ソニー（ソニーを知っているか）？」。いろいろなことを聞いてくる男たちの中の一人が、「私は日本製のラジオを持っている。今、家へ行って持ってくる。」と言うと走っていき、しばらくして大事そうにラジオをかかえてきました。残念ながら、そのメーカーの名前は、日本で一度も聞いたことがありませんでしたが…。

そのとき、センセイは、マッチかトシちゃんのような気分でした。

今、その広場の人たちの写真が部屋にあります。チャイを運ぶ少年も、ラジオをだいたおじさんも、なつかしく笑っています。

他にも、何枚かのガンダーラでふれあった人たちの写真があります。

はなひげをちょっぴりはやした二人の青年。

彼らと出会ったのは、やっぱりバザールをうろついていたときでした。

「ヘーイ、ジャパニ」、ひまそうにたむろしていた若者の中の二人が、街を案内してくれると言い、さまざまなところへ連れて行ってくれました。屋台のオレンジ売りの青年に紹介し、オレンジを勝手に手にとり、食べろとすすめ、宝石屋の店に行ってチャイを店のおやじに出させ、道に立っていた警官に握手させ…。みすぼらしい店の中に入れと誘ったので入ってみると、そこには大きな鏡とイスがデンとおいてありました。やはり同じ年頃の若者がやっている理髪店でした。センセイの肩までのびた髪を指さし、切れ切れと言います。笑って「ノー」と言ったら、かんべんしてくれました。理髪店の若者を紹介し、「この男は日本で働きたいと言っている。」、そうセンセイに話しました。彼らパキスタンの若者たちにとって、日本は憧れのアジアの国なのかもしれません。日本。彼らにとっては、はるかかなたの遠い国です。

あたりがうす暗くなったとき、案内してくれた青年の一人がセンセイに言いました。「私はもう家へ帰らなければならない。いっしょに家へ来れないか。」笑って首をふったら、ニコッと笑い、握手をするために手を差し出しました。ギュッと手を握って、「グッド・バイ。」

もちろん、彼らとは、もう死ぬまで会えないでしょう。

ただ、日本にいるセンセイの手元には、彼らの写真と、メモ帳に書かれた二人のサインだけが残っています。

〝元気でいますか。あれから、九年がたちます。元気ですか。〟

ガンダーラの街のはずれに、古城があります。そのすぐ下を広い道がとおっています。そして、その道は平原の中をまっすぐのび、白い雪に覆われたヒマラヤの山々の中に消えていきます。

シルクロード、確かにその道はシルクロードでした。

●第19話（太陽の子　No.491　一九八九年三月二十二日）

一九八〇年三月十日、ガンダーラを離れる日。

たった四日間でしたが、多くの人々とのふれあいの思い出を胸に。

ガンダーラは最後まで、平和で静かな街でいました。

日本に戻り、ガンダーラ（ペシャワール）発のニュースをたびたび目にしましたが、いつも戦争のにおいがしました。

今、あの街の人々は平和なのでしょうか。ただ祈るだけです。


ガンダーラを飛び立った飛行機が向かう街、パキスタンの首都。イスラマバード。この街は、古くからあったラワルピンディという街のとなりに新しく造られた都ですが、びっくりするほど何もない。広い野原にアスファルトの道が整然と並び、ポツポツとコンクリートの建物がたっている。

センセイが、インドのビザ（入国許可証）をもらうため、行かなければならないインド大使館も、この野原の中にある。


さて、イスラマバード空港に着陸した飛行機を降りると、いつものようにタクシーの運転手のおじさんがスーッと寄ってくる。いつものように運賃を交渉して、インド大使館へ向かいました。

インド大使館は、小さな二階建ての建物。そこの窓口に行くと、インドのおじさんが一人。「インドのビザをください。」おじさんはすぐ、「ＯＫ」といい、書類に必要なことを書き込むように命じました。そして、「手数料四十三ルピーをはらったら、夕方四時に来なさい。」「えー。」とセンセイは驚きました。そして、困りました。

なぜなら、まず、ポケットに残っているお金。ドルのお金ならたくさん持っているのですが、パキスタンのお金、ルピーが四十三ルピーはらったら、たった、二十ルピーしか残らなかった。ここから空港まで二十五ルピーかかる。困った。ドルはもちろん使えない。

さらに夕方四時まで待てという。今、まだ十二時前。それまで、どうやって過ごせばいいのやら。しかたがないので、インド大使館を出ると、すぐ前に小さな小屋がある。そこにはおそらくセンセイと同じように、インドのビザをもらいに来たのであろう人たちがたくさん集まり、座り込んでひまそうにしていました。センセイもそこにまじり座ってはみましたが、どうにも退屈でしょうがないので、リュックを背負い、街を歩くことにしました。

本当に、この街は何もない。それでも、住宅の並んだあたりまで来ると、どうやら街らしくなってきました。マーケットがあったので、入ってはみたもののお金がない。腹は空くし、タバコはないし…。

みじめに歩いていると、センセイの横に車が止まりました。「インドのビザをもらいに来たが、四時まで待たなければならない。」と話すと、運転していた青年は、乗れと言います。連れて行ってくれたのが、その青年の家。その家は、パキスタンで見た、ガンダーラやラホールの家庭とあまりに違っていました。

広い居間、レンガのだんろ、きれいな家具と敷きつめられたじゅうたん…。白い服を着た使用人がこれまたきれいなカップでチャイを運んでくれました。そして、そこに遊んでいた二人の子どもたちの足のきれいなこと。

青年は、父親にセンセイを紹介しました。握手を求めた父親の顔はにこやかに笑っていましたが、その眼の奥に冷たいものを感じました。ヒッピーみたいに髪をのばし、きたないジーパンをはいたセンセイに対する軽べつの眼。

一時間ぐらい、その家にいたあと、お礼を述べ、外へ出ました。

●第20話　（太陽の子　No.494　一九八九年三月二十二日）

今朝、ピンディ空港（イスラマバード空港）につき、すぐインド大使館へビザを取りに行く。敵国パキスタンに在留しているためか、ひねくれたひげのおっさんに四十三ルピーもとられ、あげくに五時間近くも待たされた。予定外の出費に、パキスタンルピーの残金がわずか二十ルピー。メシも食えず、チャイも飲めず、タバコも吸えず…。

けれど、そこはニッポンびいきのパキスタニィ（パキスタン人）。ひまつぶしに歩いていると、上層階級の兄さんが車に乗せてくれ、家に招待してくれた。首都イスラマバードの住宅街にある、その家はペシャワールやラホールの家庭とあまりに違っていた。広い居間。何人かの使用人、きれいなじゅうたんや家具、きれいな子どもたちの足。一時間ぐらいいて外を歩く。この町は何もない。まったくつまらん町だ。

群れた子どもらを見つけて近づく。このイスラマバードにも、まっ黒な子どもたちがいた。

真っ黒な子どもたち。彼らは、うす汚れた服を着て、はだしやぞうりばきで、クリケットをやっていました。クリケットとは、野球の三角ベースに似たスポーツで、パキスタンでは最も盛んにやられているものです。プロチームもあり、王選手なみのスーパースターもいます。

リュックを背負ったセンセイが近づいて行くと、子どもたちは、クリケットをやめ、センセイのほうを見ました。「ハロー（こんにちは）。」「はろー。」「私は日本人です。仲間に入れてください。」子どもたちはワッと声を上げ、センセイにバットを貸してくれました。それは、まん中から折れたものを、くぎで打ってとめてあるという、すさまじい木の棒でした。しばらくやったあと、腰をおろすと、彼らもまた、センセイの周りにドヤドヤと集まってきました。

いろいろな話をしました。

彼らは一番年上の子で、日本でいうと小学校五年生ぐらい。それなのに、きれいな英語を話します。長い間、イギリスの植民地だったので、今でも、パキスタンの国語であるウルドゥー語のほか、英語を必ず覚えなければ、生きていけないのです。悲しい歴史をもった国なのです。

彼らは、日本はいい国だと言いました。センセイが「では、パキスタンは？」と聞くと、「日本よりは悪い国。でも、インドよりはいい国。」と答えます。インドとパキスタンは宗教の違いから、長い間、戦いをくり返してきました。おそらく、子どもたちは、家でも学校でも、「インドは悪い国なのだ。」と何度も何度も言い聞かされているのでしょう。インドに対抗して、パキスタンも原爆を持つと言われています。

明日あるという、ウルドゥー語の試験のため練習したのか、じょうずに教科書を読んでくれた子。サインをしてくれと二枚の紙きれを出した子。ボサボサ髪の真っ黒な顔に、白い歯を見せて笑った子。素直、とっくに忘れた素直さとの出会い。

日本はいい国、インドは悪い国。

パキスタンは日本より悪い国と話す子に、何かを言ってやりたかった。

日本人の子どもらが、あなたの国は日本よりいい国と外国人に話すことなど、思い浮かばない。いいのか悪いのか、島国・日本。いいのか、悪いのか。

旅日誌より

●第21話　（太陽の子　No.496　一九八九年三月二十四日）

イスラマバードでの長い一日も、ようやく夕方になり、午後四時ちょうど。インド大使館で待ちに待ったビザを受け取りました。

さて、どうやって空港に戻るか。ポケットに残ったルピーはわずかに二十ルピー。タクシーに乗るには、どうやっても足りない。

インド大使館の入口で考え込んでいると、二人の若者が話しかけてきました。二人はスリランカの学生で、センセイと同じようにパキスタンをまわり、インドへ戻るためにビザをもらいに来たということ。

空港のあるラワルピンディという町までバスが出ており、彼らもそのバスに乗るというので、喜んだセンセイは、一緒について行くことにしました。空港には、夜も開いている銀行があるというので、ルピーが手に入ります。相当の距離を歩いた末、やっとたどり着いたバス・ステーション。そこに止まっていたのは、バスというより、小型のこぎたないマイクロバス。すでにぎっしり人が乗っており、とても三人も乗れそうにない。そばまで行くと、入口のドアのところに、車しょうらしい兄さんが立っており、手まねきして乗れといいます。

やっとの思いで乗り込むと、一番後ろの座席にいたおじさんたちが、無理に体をずらして、座る場所をつくってくれました。そして、いつものように、「アー・ユー・ジャパニ（日本人か）？」。おじさんの一人がタバコを一本くれました。お金がなくて、昼から吸ってなかったので、そのタバコのおいしかったこと。

しばらく走ると、車しょうの兄さんが、手をのばしてきて、「運賃を払え。」と言ってきました。四ルピーと言うので、払うと、もう一ルピー、荷物代として払うように言います。

センセイとしては、一ルピーも今は大金でしたが、しかたなしに払いました。そしたら、前に座っていた人が突然、大声で何かを言い始めました。全然聞き取れませんでしたが、どうやら、荷物代を取るのはおかしいと、車しょうの兄さんに抗議してくれているらしい。兄さんのほうも大声で何かを叫んでいます。言い争いは続き、とうとう兄さんはセンセイに一ルピー返しました。「ありがとう。」と、抗議してくれた人に言うと、首をちょっと横にかしげて、ニコッと笑いました。

何十分かバスは走りました。センセイがラワルピンディの町で降りることを聞いた人たちは、バスの運転手にそのことを大声で告げます。すると、運転手のおじさんは、大声で何かを言い返します。また、しばらくすると、また誰かがセンセイの降りる場所を運転手にどなって告げる。また、大声で答える。センセイはただ、うれしく聞いていました。

みんなのおかげで、まちがいなく、ラワルピンディの町に入ると、小さなバスは止まりました。

こみあったバスの中から降りるとき、センセイの大きなリュックをおろすため、何人もの人が手を貸してくれました。一番一生懸命やってくれたのは、車しょうのあの兄さんでした。ニッコニッコした、兄さんの笑顔を残して、小さなバスは走り去っていきました。

ラワルピンディの町の人に、「私は十六ルピーしかない。でも、空港へ行かなければならない。方法はありませんか。」と聞くと、走ってきたタクシーをいきなり止め、交渉してくれました。

空港に無事たどりついたときは、もう日が暮れていました。

良き国、良き人々、パキスタン。

たった一度きりの人生で、この国の人々とふれ合えたセンセイは幸せです。

たくさんの思い出を胸に、一カ月ぶりに日本へ戻ったのは、九年前の今日です。

●最終話　（太陽の子　№497　一九八九年三月二十四日）

センセイが二十歳《はたち》の頃に追い続けた〝夢の話〟はこれで終わります。
十七歳の頃に抱いた、バンディ・アミールへの夢。
そしてガンダーラへの一カ月の一人旅。
九年前のこと。

ガンダーラから戻ったセンセイは、大学四年生になります。
その一年、必死に論文をまとめました。シルクロードのガラスがテーマでした。
ささやかな論文でしたが、確かなものを残せたという実感がありました。

その頃、新たな夢をもちました。
センセイになること。

また、その夢に向かってのガムシャラの日々が始まります。
ワセダを卒業して、就職をせず、玉川大学へ編入しました。
小学校の教員免許を取得するためです。

毎年、夏になると、教員採用試験があります。
昼間は、学生食堂のアルバイト。
夕方になると、玉川大学へ通うという日々が続きました。

今もですが、新潟県の教員採用試験は難関でした。
けれど、新潟でセンセイをやるという気持ちは、消えませんでした。必死に勉強しました。

翌年の春、小学校のセンセイになりました。

カメっ子たちと出会い、別れました。
あすなろたちと出会い、別れました。
のびっ子たちと出会い、別れました。
そして、太陽の子たち、みんなに出会い、もうすぐ別れます。

今、センセイには、二つの夢があります。
一つは、バンディ・アミールへこの足で行き、この眼で見ること。
まだ、アフガニスタンは、戦火の中にあります。
けれど、必ずいつか、平和がおとずれましょう。そのときをずっと待ちます。
バンディ・アミールは、何百年も何千年も、そのままの姿でいるのですから。

もう一つの夢。それは〝いいセンセイ〟になること。
この夢も、おそらくこれから何十年も追い続けるだろうと思います。
この夢がセンセイの心の中から消えたら、そのときは教師をやめます。

太陽の子たち、あなたたち自身の夢を追いなさい。そして、いつか一緒に語ろう。

《了》

エピローグ

中学校へ進学した彼らは、八クラスに四、五人ずつ分かれて入った。

四月当初、八クラスの学級委員を決めるとき、〝てだのふあ〟たちはそれぞれのクラスで自ら立候補し、学級委員総数十六名のうち、十三人に彼らがなった。

冬のトンネルを抜けた日記の女子も、その一人である。

その年の十月、違う学区の見知らぬ母親より手紙をもらった。

てだのふあの先生。突然のお手紙お許しくださいませ。

私はA野地区の一人の母親です。子どもは三人、真ん中の娘が中学一年生です。中学に入学した数日のこと、彼女は驚きの瞳でこう言いました。

「びっくり、ほとんどのクラスの学級委員が、H小から来た人なんだよ。しかも、皆、自分から立候補してなったのよ！」

彼女は、とてもH小の人たちに感心し、進んで友達になったそうです。

そして、先日、「宝物」を借りてきました。それが、私と「てだのふあ」の出会いでした。

家事の合間合間にと言っても、ついつい眠るのが十二時頃になりましたが、三日間かかりました。

こんなに泣いたことはありません。何十回ともなく泣きました。てだのふあの三十五人と、その先生と、その親御さんの気持ちが痛いほど胸を突きました。宝物を借りてきた娘にさえ、感謝いたしました。

今まで多くの本を読み、感動はしたものの、この学級だよりにはかないません。そこには現実の子どもたちがいるからです。こんなに身近に、こんなに素晴らしい現実があるからです。

一枚一枚読み、私もてだのふあの一人になり、先生にどんどん語りかけました。

こんなに素直になれたことが今まであったでしょうか。

私もバカになろうと思ったことがありました。でも、最後までバカになり切れなかったことが、あまりにも多すぎます。そして、この年になっても迷っております。もう、てだのふあにはなれません。でも、てだの親になりたいです。

まとまりのない文になってしまいました。

あの五百枚のてだのふあにすべて語りつくしたのでしょうか。

ただひと言、先生と、先生のてだのふあたちに出会った喜びを、これからの人生の励みにいたします。

「てだのふあ」、私は迷ったとき、これをおまじないにするでしょう。

「てだのふあ」、何て、すてきな響きでしょう。

追伸　「てだのふあ」に出会えて、また人間が好きになりました。

人生いろいろあるさ

二瓶 弘行

素敵なことがあった日は　ウキウキすればいいよ。
この人生　捨てたもんじゃない。
だから　今夜は　笑顔のまま　眠ろうよ。
明日は　もっといいこと　きっとね。

イヤなことがあった日は　クヨクヨすればいいよ。
この人生　そんなに　甘くない。
だから　今夜は　もう　眠ってしまおうよ。
明日は　少しはいいこと　きっとね。

人生、いろいろあるさ。

著者紹介

二瓶 弘行（にへい・ひろゆき）

筑波大学附属小学校教諭。

1957 年新潟県生まれ。早稲田大学第一文学部卒業。新潟県内の公立小学校に勤務後、上越教育大学大学院の修士課程を修了。1994 年から現職。

筑波大学非常勤講師、共愛学園前橋国際大学非常勤講師、全国国語授業研究会理事、国語教室ネットワーク「ひろがれ国語」代表、小学校教師授業づくり研究会会長、国語“夢”塾塾長。

『“夢”の国語教室創造記』『二瓶弘行の国語授業のつくり方』『二瓶弘行の物語授業　教材研究の条件』『二瓶弘行国語教室からの提案　物語の「自力読み」の力を獲得させよ』『最良の教材で、最高の「言葉の力」を育む国語授業』（東洋館出版社）、『言語活動アイデア事典』（明治図書）、『お母さんと一緒の読解力教室』（新潮社）、『二瓶弘行の説明文一日講座』『二瓶弘行の物語　授業づくり一日講座』『二瓶弘行と国語“夢”塾の対話　授業づくり一日講座』『二瓶弘行の物語授業づくり　入門編』『二瓶弘行と国語“夢”塾の物語授業づくり　実践編』『二瓶弘行と国語“夢”塾の説明文授業づくり　実践編』『二瓶弘行の系統的に育てる「物語の読みの力」』『二瓶弘行の系統的に育てる「説明文の読みの力」』（文溪堂）など著書多数。

< 参考文献 > 国語実践ライブラリー②『文学読書単元「太陽の子」』二瓶弘行著 (東洋館出版社）

写真／佐藤正三（スタジオオレンジ）

装丁・デザイン／川尻まなみ（株式会社コスミカ）

DTP／三浦明子（株式会社コスミカ）

編集協力／池田直子（株式会社装文社）

夢追う教室　～太陽《てだ》の子《ふあ》と歩んだ日々～

2017 年 7 月　第1刷発行

著　者	二瓶弘行
発行者	水谷泰三
発行所	株式会社**文溪堂**
	東京本社／東京都文京区大塚 3-16-12　〒112-8635　TEL (03) 5976-1311 (代)
	岐阜本社／岐阜県羽島市江吉良町江中 7-1　〒501-6297　TEL (058) 398-1111 (代)
	大阪支社／大阪府東大阪市今米 2-7-24　〒578-0903　TEL (072) 966-2111 (代)
	ぶんけいホームページ　http://www.bunkei.co.jp/
印刷・製本	サンメッセ株式会社

ISBN978-4-7999-0247-9　NDC375　272P 210mm × 148mm

落丁本・乱丁本はお取り替えします。定価はカバーに表示してあります。